中公新書 2486

楠木 新著

定年準備

人生後半戦の助走と実践

中央公論新社刊

はじめに

私はこの数年間、数多くのビジネスパーソンや定年退職者、または地域で活動する人たちから話を聞いてきた。また企業での研修や講演、市役所が主催するセミナーなどで彼らの定年後に対する期待や関心、不安などにも接してきた。

そこで感じたことは、人は一度に変われないということだ。退職すると仕事だけでなく、人間関係も、スケジュールも、組織の中で背負っていた義務や責任や役割も同時に失う。この定年前後のギャップに対処するには現役の時から準備が必要である。

また平均寿命は、男女とも80歳を越えて、定年である60歳からでも20年以上の持ち時間がある。これはもう余生ではなく第二の人生と呼ぶべきだろう。もう一回人生を過ごすことができると考えれば、本当に恵まれた時代に生まれたものだ。しかも昔に比べて格段に元気だ。漫画「サザエさん」の波平《なみへい》さんは70代に見えるが、当時の設定では54歳なのである。今の50代は波平さんよりもはるかに若い。

ただ、あまりにも寿命の延びが急激だったので、諸々の社会システムや人の生き方、働き方がその変化に追いついていない。1万メートルのトラック競技だと思って走っていたら、途中でマラソンに変更されたみたいなものだ。

この定年前後のギャップ、および元気で過ごせる持ち時間が急激に増加したことから、定年後にどのように過ごしてよいのか戸惑い、立ち往生している人は少なくない。延びてきた寿命の中身を充実させる段階に来たと言っていいだろう。

城山三郎《しろやまさぶろう》氏の『毎日が日曜日』は、長く海外で働いた商社マンが帰国してまもなく京都に再び単身赴任する場面から物語は始まる。綿密な取材によるリアリティある経済小説であるが、同時に日本の生活に馴染《なじ》めない子どもを持つ家族の物語だ。48歳の主人公に交差させる形で、定年退職した一人暮らしの先輩が何度も登場する。まるで主役が2人いるかのようである。城山氏は現役の会社員と定年退職者という2人の対比の中で生きる意味や組織で働く意義を問うている。小説の手法として成功しているかどうかは分からないが、ベストセラーになって多くの人の心を捉《とら》えたことは間違いない。タイトルも秀逸だと私は思っている。

仕事や家族の課題を抱えて袋小路に迷い込んだと感じている中高年社員は少なくない。彼らは、現役時代はイキイキと働き、ゆったりした気分で定年後を過ごすためのヒントを求めている。この小説のように、多くの人が自らを振り返ることができるリアルな物語がもっと提供されることが望まれる。

言うまでもないが、誰もが一回限りの自分の人生を生きている。それを大切にしたいのは当たり前のことだ。昔であれば、両親や先輩の言うことを聞き、従来と同じことをしていれば乗り切れたが、今はそうはいかない。寿命が延びて未経験の事柄に直面することや、IT（情報技術）の普及をはじめ生活様式も大きく変わっているので、以前の教えは力を失っている。また地域のコミュニティもかつてのような人間関係を築く場にはなっていない。

周囲との協力や助け合いはもちろん必要であるが、誰にも教えてもらえないのであれば自分で考えていくしかない。その際に「高齢化社会における生き方、働き方」といった抽象的な議論や、統計数値に基づく分析や理論のように誰にでも通用する普遍的なものはあまり役立たない。人の気持ちや人間全体が丸ごと関わることは、理屈や論理だけでは捉えきれない厄介さを持っているからだ。総論ではなく各論が大切なのである。

やはり自らの経験から生まれた知恵を深めながら、当事者として自身の課題に向き合う姿勢が大切だろう。その際には、他人の個人的な体験や『毎日が日曜日』のようにリアルな物語、実際のケーススタディが力を持つ。これらを参考にしながら独断や偏見に陥ることなく、いかにして自らの行動に結び付けていくかがポイントだ。

多くの読者に手に取ってもらった前著の『定年後』も、この『定年準備』も、具体的な実例や個人的体験を基にしている点では共通している。他方で『定年後』が定年に絡む課題の枠組みや定年前後のギャップの実態を主な対象にしたのに対して、『定年準備』では、どのように助走を行い、実践的な行動に結び付けるかに力点を置いている。そのため『定年後』から読む必要はなく、『定年準備』から読み始めても十分理解できるようになっている。

会社組織に長く在籍している人は、本来自分が生きるために一人でやるべきことを分業制の中で誰か他の人に委《ゆだ》ねている。そのために自分の志や想《おも》いがどうしても中途半端になって生きている実感が得にくい。私は50歳から定年退職した60歳まで会社員とフリーランスを並行してやってきたので、社内では十分な収入や役職がありながら潑剌《はつらつ》とした表情を失っている人や余裕なく毎日あくせく働いている会社員を数多く見てきた。定年という区切りは全人格的な生き方を取り戻すチャンスでもある。

本書が、定年後だけではなく、現役で働いている人にとっても、一日一日を気持ちよく、「いい顔」で過ごせるヒントになれば望外の幸せである。

目次

第2章　「もう一人の自分」を発見……39

第3章　60歳からのハローワーク……71

第4章　最後に戻るのは地域と家族……103

第5章　童心に返る

第7章　逆境がチャンスに

文中に登場する人物の年齢・所属・肩書き等は、
特記がない限り、執筆当時のものです。

定年準備

第1章　人生は二度ある？

「夢の中へ」

歌手で作詞・作曲家の井上陽水《いのうえようすい》氏は１９４８年（昭和23年）生まれの団塊世代。１９７２年発売の「人生が二度あれば」はスターダムに駆け上るきっかけになった曲だが、この歌詞を見ると時代の変化に驚く。

「父は今年二月で六十五」「母は今年九月で六十四」。湯飲みに写る自分の顔をじっと見ている父親と家族のために年老いた母親を思って、「人生が二度あれば」と歌い上げる。

この父親は私と同年代であるが、曲の発売から50年も経《た》たないうちにこれほど年齢に伴う景色が変わってしまうのかと思わざるを得ない。

しかし急激に寿命が延びても、どうしても今までの延長でしか考えられない。また定年後を悠々自適にゆったりと過ごせる人は少数派であることから、この寿命の延びに対応するのは容易ではない。

一つの方法として、自分が人生を歩むのに避けられないものは何か、という観点から見るのもいいだろう。私は「人は一人では生きていけない」「人は必ず歳を取り、必ず死ぬのだ」という2つではないかと考えている。

前者は、人が生きていくには何らかの共同体が必要であると言い換えることができる。もちろん家族はその最小単位だが、のちに述べる通り、会社組織を自分が属する共同体と捉えている人は少なくない。かつてのような大家族や地域社会のコミュニティが崩れている中で相対的に大きな役割を果たしている。

会社の中でも、自分一人だけが裕福になり、他の人がひもじい思いをしても満足できないだろう。やはり同じ釜の飯を美味《おい》しく食べる方が楽しいに決まっている。しかし会社という共同体は、家族や地域と違って定年という時間的な区切りをもって消滅する存在である。

また「人は必ず歳を取り、必ず死ぬのだ」は、人生は有限であるということである。これも当たり前のことではあるが、このことを意識しないまま日々の生活を送っている会社員は少なくない。

そもそも会社組織は合理性・効率に基づいているので、構成員である会社員は、同じ時間、同じ空間を共有していることを前提にしている。それは組織で働くために切り取った一部分にすぎないので、過去にも未来にも行くことができないことが特徴である。

しかしかけがえのない、また代替可能ではない自分を取り戻すには、現在、過去、未来といった時間軸を考慮に入れることが有効である。自らを振り返ることによって把握できる自分は、他の誰とも比較できない個性的な存在になるからだ。

そしてその人生もいずれ最期を迎えて終わると考えれば、会社と同様に時間という制約に属しているとも言える。漫然と日常生活を送っていると、漠然とした疑問が頭の中を巡ってもなかなか物事を深めることはできない。私もそのジレンマに悩まされ続けてきた。しかし一気に解決する手立てはなく、持続的に息長く取り組まなければならない。

定年後の方々を取材していて感じるのは、心や体が喜んでいる状態や、「いい顔」で過ごす時間が大切であって、何かを成し遂げたり、宝物を見つけるという目標達成は必ずしも必要ではないということだ。井上陽水氏のヒット曲「夢の中へ」では、「探すのをやめた時見つかる事もよくある話で　踊りましょう　夢の中へ　行ってみたいと思いませんか？」と歌っているのである。

日がなテレビを見て過ごしている

『不安な個人、立ちすくむ国家』は、今後日本が立ち向かうべき課題について、経済産業省若手プロジェクトが重ねた議論を書籍化したものだ。

この中で「居場所のない定年後」というタイトルで、各種調査から引用した結果を示している。そこでは「60歳以上の方に、何歳くらいまで働きたいか」と聞いてみると、「65歳以上でも働く意欲のある人は6割以上」である一方で、「就業を希望しても、1割程度しか常勤の職に就いていない」「7割の高齢者は地域における活動にも従事していない」と指摘している。

私は、2015年（平成27年）に定年退職して以降、「定年退職か雇用延長のどちらを選択するか」というインタビューを繰り返し、自らプータローの立場になって定年退職した人たちがどこで何をしているのかを把握するために住んでいる地域や都心を歩き回ってみた。ハローワークや人材派遣会社への取材、図書館、喫茶店、スポーツジム、ショッピングモールなどでのウォッチング、および社会福祉協議会やボランティア団体からのヒアリングなどを続けてきたが、この調査内容はそれらとほぼ違いがない。

一番興味を抱いたのは、「定年退職を境に、日がなテレビを見て過ごしている」と表題に書かれた資料（図表1）である。

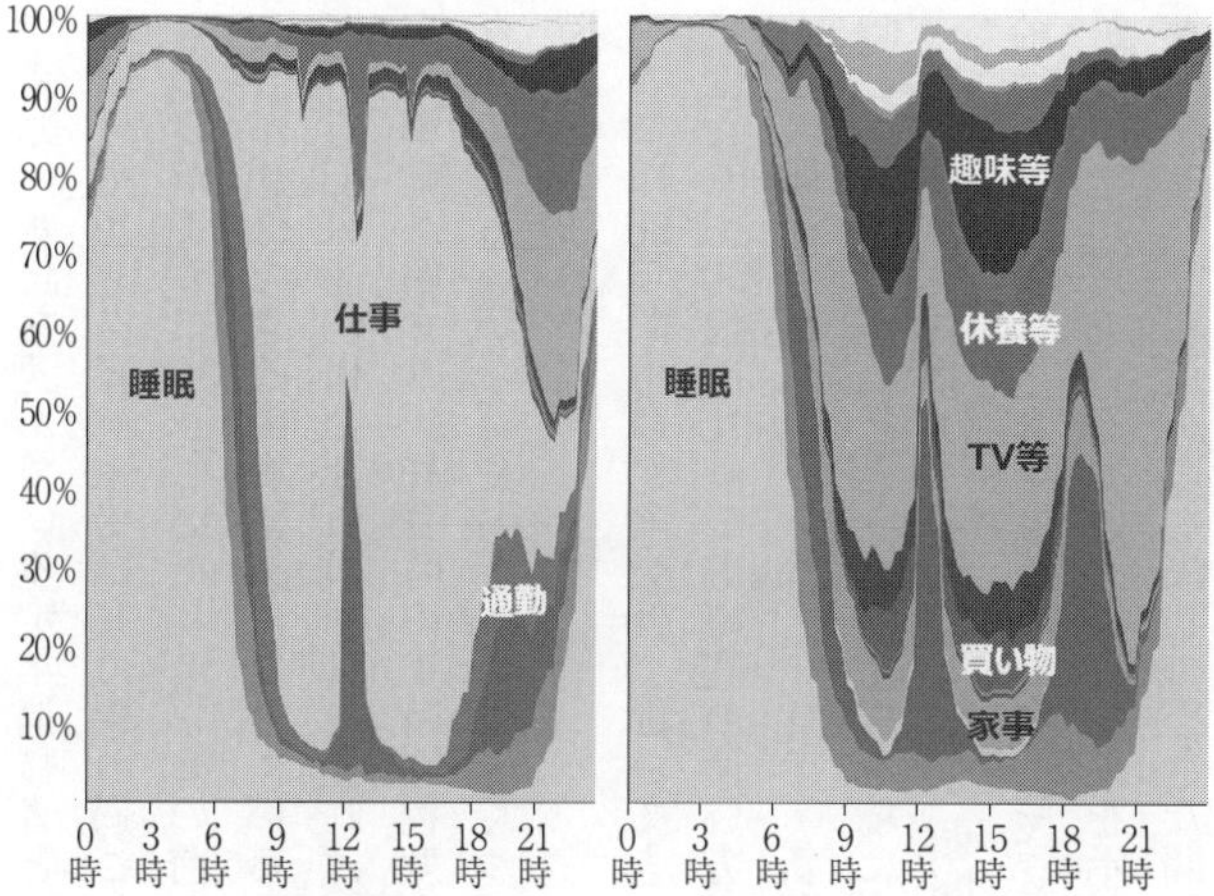

図表１　男性の平日の過ごし方　左は40代前半の有業者、右は60代前半の無業者。総務省「社会生活基本調査」（2011年）から経済産業省が作成したグラフを改変した。

この資料は、40代前半有業者（男性）の平日と60代前半無業者（男性）の平日の過ごし方を対比している。すべての人が会社員とは限らないが、現在の就業者に占める雇用者の割合が90％近くになっていることからすれば、40代前半の働き盛りの会社員と60代前半の定年退職者との対比だと見ても大きくかけ離れていないだろう。

男性の定年退職者は、時刻によって多少の違いはあるが、「テレビ・ラジオ・新聞・雑誌」（図表１の「TV等」）に費やしている時間が非常に長い。私がこの２年間行ったウォッチングでは、図書館で新聞コーナーに集まっている様子や、喫茶店や大きなショッピングモールなどで新聞・雑誌を読んでいる定年退職者と思《おぼ》しき男性が多かったこととも符合する。取材やインタビューでは家の中の過ごし方まではうかがい知ることはできなかったが、彼らの妻がよく口にしていた「テレビの前に寝転んでリモコンを手にしながら画面を見ている姿」が想像できる調査結果になっている。

一方で男性40代会社員の一日を見れば、通勤や準備の時間も含めれば、朝6時過ぎから仕事の準備が始まり、昼食時の1時間程度を除けばほぼ仕事一色である。そして帰宅した後の夜9時ぐらいから、やっと「休養・くつろぎ」や「テレビ・ラジオ・新聞・雑誌」に充てる時間が生まれる。

ここは36年間生命保険会社で働いてきた私の実感とも一致している。そして40代前半だけではなく、50代になっても時間の使い方という意味ではそれほど変わらない。すなわち仕事中心の働き方から「テレビ・ラジオ・新聞・雑誌」中心の生活に移行するタイミングは退職時ということが言えそうだ。定年を境にライフスタイルががらりと変わるのである。

この書籍の中では、「会社の常勤・顧問等」で働いている高齢者に比べて、「仕事なしの高齢者」の方が「生き甲斐《がい》を全く感じていない」「生き甲斐をあまり感じていない」人の割合が2倍を超えているという調査結果を示している。定年後の時間の過ごし方は、各個人の生き甲斐という観点からも決して小さな問題ではないことがうかがえる。

「定年後」は50歳から始まる

今まで、定年退職した男性が社会とのつながりを失って、誰も名前を呼んでくれない状態に陥った事例や、居場所がないことから家族との間に軋轢《あつれき》が生じているケースも数多く取材してきた。これらの問題の本質を一言で言えば、定年を境としてギャップが大きすぎるということだ。

定年退職者が語る退職直後の解放感もこのギャップから生まれている。先ほどの資料にもある通り、在職中は朝早くから仕事モードに入り、帰宅して家でくつろげるのは夜遅くなってからという毎日だ。そういう生活を40年近く続けてきて、ある日を境に通勤する必要もなくなり、何もやるべきことがない生活に移行する。朝から一番時間を使うのは、ほぼ「テレビ・ラジオ・新聞・雑誌」なのである。

退職当初は、ほとんどの人が会社生活から解き放たれた喜びを語る。私は会社員と執筆の二足のわらじを履いていたので、会社との距離は相当あると思っていた。ところが、退職当初の解放感には自分でも驚いた。会社員がまとっている鎧《よろい》の重さを改めて感じた次第である。

人によって違うが、その日常から解き放たれた気分も、2か月もすれば徐々に収まり現実に引き戻される。そこから社会とつながりたいと思ってハローワークなどで仕事を探し始めても、自分の今までの経験を活《い》かした仕事はほとんどなく、興味のある会社に履歴書を送ってても面接にもたどり着けない。「そこで気分的に落ち込むのが典型的な流れだ」と語る定年退職者もいる。彼は現在、高齢者の生活の相談に乗ったり、セミナーで講師を務めたりしている。

退職したのだから仕事がなくなるのは当然だとしても、人間関係もスケジュールもその日を境にすべて失われる。先ほどの「7割の高齢者は地域における活動にも従事していない」という調査結果から想定すると、今まで組織の中で背負っていた義務や役割や責任も同時に失って、地域ではそれに代わるものが見つかっていない人が多い。

定年前後の一つの課題は、このギャップに対してどう対処するかであろう。定年退職日はある日を境に必ずやってくるが、本人は自分自身や生活をいきなり変えることはできない。この隔たりの大きさに戸惑うのである。一方で、50代から次のステップの準備をして定年の到来を心待ちにしている人もいる。

そう考えてくると、定年前後のギャップを埋めるには、定年前の働き方を修正することも考慮に入れなければならない。定年後というと、すぐに退職日以降のことを考えがちであるが、「『定年後』は50歳から始まっている」というのが、取材を重ねてきた私の実感である。

「10年後のありたい自分」

それでは定年後の予備群である50代の会社員はどのように考えているのだろうか？

「あなたには、職場以外の友達はいますか？」

「あなたには、趣味といえるものはありますか？」

「銀行を辞めた後、部下が義理で食事に付き合ってくれるのはせいぜい二年ですよ……」

これは池井戸《いけいど》潤《じゅん》氏の『花咲舞《はなさきまい》が黙ってない』の冒頭で、花咲舞の上司である芝崎《しばざき》次長が、第二の人生を歩むための「たそがれ研修」を受けて、何を今さらと嘆く場面である。

従来は、50代後半にもなると、定年後を見据えてライフプラン研修を実施する会社が多かった。受け取る公的年金の計算や財産管理を怠らないこと、健康に留意することなどをテーマにしている。労働組合が実施している例も多い。

ただ最近は、50歳以降になってもどのようにイキイキと働くか、というところに重点を置いた研修も増えている。この背景には、２０１３年（平成25年）の高年齢者雇用安定法の一部改正で65歳までの雇用責任が事業主に義務づけられたことや、バブル期の大量入社世代が50歳を越えたことがある。そのため、中高年社員の活性化を狙《ねら》って研修の対象とする社員の年齢も下げている。

このような流れから、私も会社や労働組合から講演や研修を依頼されることがある。グループワークを中心とする研修では、事前の準備として、「5年後のありたい自分」「10年後のありたい自分」を記載して研修に臨んでもらう。

50歳過ぎの社員であれば、「5年後のありたい自分」は、概《おおむ》ね役職定年になってラインの第一線からは降りた時点、「10年後のありたい自分」は、定年を迎えた時点になる。その時に自分はどうありたいかをグループごとに互いに話し合ってもらう。

実際に研修を担当して感じるのは、50歳を過ぎた時点で定年後のことを具体的に描いている人は極めて少ないということだ。1割もいないだろう。

しかし定年後に対して何も興味がないかと言えばそんなことはない。むしろ逆で、話し合いの節々で漠然とした不安や強い関心を感じることがある。特に定年後を過ごしている先輩の具体的な事例を紹介すると、自分と重ね合わせることができるからだろう、より真剣な眼《まな》差《ざ》しになる。

ただ普段は日常の業務をこなすことで忙しく、また毎月の給与ももらえるので、その関心や不安を先送りにしても不都合は生じない。そして研修の中で、これから「10年後のありたい自分」に近づくためにどのような点に留意すべきかと議論すると、やはり「健康」と「経済的な安定」を挙げる人が多い。ただ、抽象的な発言に終始していて、行動につながるイメージはない。

彼らや彼女たちの発言から読み取れるのは、会社で長く働いているのが当たり前になっていて、組織を離れることがうまく想像できないということだ。会社勤めによって得ているものを意識できていないと言えばいいかもしれない。そのため、会社に在籍していた時には不平不満ばかり述べていたのに、退職すると「会社員時代はよかった」と懐古する人が少なくない。会社に行けば人に会える、若い人とも話ができる、遊び仲間・飲み友達もできる、規則正しい生活になるなど、彼らに聞けばいくらでも会社のメリットを口にする。特に男性社員にこの傾向が強い。男性と伍《ご》して仕事中心で働く女性社員も同様である。

研修でのやり取りで感じることは、会社はやはり共同体的な役割を持っているということだ。会社で働くことは仕事をこなすという機能的な面だけにとどまらない。家族や地域といった従来の共同体の力が弱まっているなかで、会社組織がその役割の一部を補完している。居場所としての効能があるのだ。しかし前述の通り、この会社という共同体は家族や地域と違って退職するまでという時限的なものであることが特徴だ。人は何かを失うまではその存在を自覚できないので、定年後に会社やその仲間の大切さに気づくのである。

「定年待合室」

私は最近、小説作品の文庫解説を書く機会をもらった。江波戸《えばと》哲夫《てつお》氏の『定年待合室』である。

この小説の主人公の大和田《おおわだ》は、丸高《まるたか》百貨店に入社以来いくつもの部署を経験して、どこでも目覚ましい結果を出した同期の出世頭だった。しかし社長候補と目されていた専務の逆鱗《げきりん》に触れてコースを外れてしまう。また会社人間の彼をずっと支えてきた妻が食道ガンの宣告を受ける。大和田は看病のために会社を早期退職するが、妻は2年後に亡くなる。

彼は虚脱感にさいなまれるが、行きつけのスナックで、ママから仕事で困っている人の手助けを頼まれることから物語は展開する。自分に合った仕事が与えられずに満たされない気持ちを抱えるメンバーと協力しながら、営業先とのトラブルや販売不振を解決していく。それを通して大和田も活動するメンバーも元気を取り戻すというストーリーだ。

定年待合室にいる会社員は、その道のプロであるのに、会社からの評価や処遇で鬱屈《うっくつ》を抱えている。ほとんどが中高年社員である。なぜこうなるのだろうか。

物語に登場する社員の多くは、学校卒業と同時に企業で働く新卒一括採用を前提とした会社で働いている。採用された社員は、同じスタートラインに立つ。ここから会社員の出世レースが始まる。入社してからの十数年は最も成長できる時期である。会社も将来の戦力と期待して、惜しみなく教育や育成に注力する。年次別の研修を毎年のように行う会社もある。

この背景には、入社年次の同じ社員を一つの集団として把握し、転勤や配置転換の繰り返しによって職務範囲を広げさせ、仕事能力の熟練度を高めていくという人事運用がある。同時に、各職場での評定を積み重ねて各社員の人事評価を確定していく。

この運用が分岐点を迎えるのが、40歳前後での管理職の選別である。一般企業で言うと、本部の課長クラスの登用に該当する。ここで社員間の選別がかなり明確になる。昨今は組織のスリム化によって、管理職に就けない社員も増えている。

そしてこの管理職登用後も、支店長や本部の部長、役員などのさらなる上位職への選別が進む。しかしながら、上位職になればなるほどポストの数は限られるので、組織のピラミッド構造から脱落する社員が増えていく。その場にとどまろうとしても、後輩たちが後ろから迫ってきている。もちろん役員まで進む社員はごく少数である。ある元銀行員の話では、200人の同期のうち役員になったのは2人だという。

この雇用システムの特徴は、社員の能力やスキルだけで評価が行われるということではない点である。欧米のように能力やスキルがあると判断すれば役員や社長でも外部から招聘《しょうへい》する形とは異なるのである。

このように新卒一括採用によって入社した社員は、40歳以降から徐々にピラミッド構造の枠外に順次押し出されていく。この過程で、「左遷された」「冷や飯を食っている」などの発言に見られるように、中高年社員の多くは働く意欲が落ちてくる。最近はバブル期に大量に採用された社員が50歳前後になっており、今後のモチベーションの維持に苦労している人事部門も少なくない。

そういう意味では、定年待合室に集まる社員は怠けているのではなくて、新卒一括採用という日本型の雇用システムのもとで生まれているといえなくもない。ただ会社の中で敗者復活を目指したとしても、すでに評価も固まっているので現実的には難しい。50代で仕事の意欲を失ったまま何もせずに定年退職を迎えると、社会とのつながりや自らの居場所を見つけられずにさらに大変になることが予想される。

定年後の過ごし方の課題はこの日本型の雇用システムとつながっている。ただしこのシステムから脱却している会社も増えているので、まずは自分が所属している会社（共同体）の性格を把握することが大切であろう。

第2章で詳しく述べるが、この定年待合室に在籍している間に、会社員とは違う立場を持っておく必要がありそうだ。それは副業といった仕事に関わるものにとどまらず、趣味や学びの場、ボランティア的なものでもいい。とにかく自分なりの居場所を確保しておくことが、その後の長い定年後を過ごす大切なポイントになる。逆に考えれば、定年待合室は次のステップに進む絶好の機会になる可能性もはらんでいる。次の新たな共同体や居場所を探す猶予期間にもなり得るのだ、と小説を読みながら思ったものだ。

余生から第二の人生へ

改めて定年になった時点から振り返ると、私も多くの時間と労力を会社の仕事に投入してきた。そして長い会社員人生を同じペースや同じ心情では走り通せないことがよく分かる。周囲を見回しても、一直線で走り切った人はほとんどいない。

社内でいくつかの異なる役割を果たさなければならないし、立場によってその働き方も変わらざるを得ない。家族の形も変わる。また、年齢を経るという変化もある。組織に勤めている限り、転職や出向などがあってもそれらの変化は基本的には変わらない。

会社員は、入社から退職までにおよそ4つの段階を移行していく。学生時代から会社に定着する適応の段階、一緒に働く仲間や顧客に貢献できるようになる成長期、中年になって組織の中核として働くと同時に戸惑いも抱える期間、退職後や老後も視野に入れて働く時期である。

会社員人生の変化に対するアクションとして、起業や独立という選択もあり得る。ただ、組織で長く働いてきた人がスムーズに起業、独立できることは稀《まれ》である。私は会社員から転身（起業、独立）した数多くの人にインタビューしてきた。彼らの転身のプロセスから多くの知見やヒントを得ることができたが、彼らは全体から見ればあくまでも少数派である。また10年間、会社員とフリーランスを並行してきた私の体験からも、両者では使う「筋肉」が相当違うというのが実感である。

そういう意味では、まずは会社組織の中でどのように働くかを中心に考えることが現実的であろう。繰り返しになるが、この4つの段階を同じペース、同じ姿勢では乗り切れない。若い時から仕事一筋に頑張り、自らのキャリアを上昇イメージの連続だけで捉えると、たしかに会社の中で一定の地位を確保できるかもしれない。しかし時間が経過するにつれて、家族を含めた環境変化や自分自身の老いも重なってくるので、どこかで息切れするタイミングがやってくる。

また、会社での働き方を考えているだけでは、退職後の長い老後は乗り切れない。寿命を全うするには、会社人生の課題だけでは終わりにはならないのだ。青春よりも朱夏《しゅか》や白秋《はくしゅう》の方が大事な季節になっていると言えそうだ。

寿命が延びた現在においては、定年後にもう一つの大きな山があり、それを乗り越えるためには、仕事生活から成熟した人生への切り換えが求められる。前述の通り、定年後は余生ではなく、第二の人生と言えるだろう。別の言い方をすれば、延びてきた寿命の中身を充実させる段階に来たわけである。

そういう私も実際に定年退職してみて、会社生活は人生の一部にすぎないことを痛感した。

もし著述活動に取り組んでいなければ、あり余る時間の中で立ち往生していただろう。

いくら組織内で順調に走ってきたとしても、会社中心の働き方を続けていけば、いずれは自分の老いや死の現実にたじろぐことになってしまう。組織も社員もそれぞれが持つライフサイクルの変化に応じて対応していかなければならない。特に社員側は、人生は有限で一回限り。歳とともに老いるので組織よりもその重みは大きい。

働くことに疑問を抱く

転身者や中高年のビジネスパーソンの話を聞いていて気づくのは、40歳を越えたあたりから「このままでいいのだろうか？」と揺れ始める人が多いことだ。私は同期入社した仲間と折に触れて話をしてきたが、職場や仕事の話題から、家族や終《つい》の住処《すみか》、定年後の自分の行く末などの話に移行し始めるのが、やはり40代半ば頃からだ。

組織の中で一定の役割を獲得するためには、どうしても会社中心の働き方になる。入社してから10年なり、15年なりの期間は、組織の中で自分を作り上げる取り組みに終始せざるを得ない。ただ40代半ばあたりを過ぎると、仕事中心の働き方の一面性に疑問を感じて揺らぎ始める人が少なくない。組織内での自分の行く末が見えてしまうことや、組織の中では個性を発揮するのに制約があることとも絡んでいる。

昇進や専門性の向上に力を入れて組織内で一定のポジションを確保しても、それと同じやり方では人生80年を乗り切れないと多くの会社員が漠然と感じている。

若い時には貯金を増やそう、技能を高めよう、いろいろな仕事を経験したい、家も建てよう、役職も上がっていこう、というように成長していく気分が強い。ところが各個人は、それをそのまま延長できないことはなんとなく分かっている。

そして生活が安定して家を取得したり、家庭で問題が生じたり、左遷と思われる処遇を受けたり、会社からの評価が自分が思っているよりも低いことを感じたりすると、気持ちがふと心の方に向かう。

そうすると「このままでいいのだろうか」と思ったりするのだ。今まで自分を支えてきたものが、今度は重荷になり始めると言っていいかもしれない。特に会社内での役割に満足できず、自分の居場所を組織の中に見つけられないと揺れが大きくなりがちである。

日本の場合は、長期雇用が前提なので、仕事に取り組むことがマンネリになって飽きるということもある。これも働くことに疑問を抱く大きな要素である。

45歳からは人生後半戦

「はじめに」で取り上げた『毎日が日曜日』を書いた城山三郎氏は、大学時代の旧友に「君も定年まであと五、六年か」と何気なく聞くと、その旧友は「実質的にとっくに定年だ。四十代の終わりからは、もう『死に体』も同然さ」と答えたという（『無所属の時間で生きる』）。

城山氏は、知的にも肉体的にも出力１００％という年代なのに、何ということか、と思ったという。その気持ちが、『毎日が日曜日』を書いた出発点だと語っている。

40代半ばに揺れ始める会社員の具体的な発言をインタビューから最大公約数的にまとめてみると、「誰の役に立っているのか分からない」「成長している実感が得られない」「このまま時間が流れていっていいのだろうか？」の3つに集約できた。

読者の中にもこのような状況に陥った経験、または今もそういう気持ちを抱えている人がいるかもしれない。私もかつてはそうだった。

40歳を過ぎて、働く意味に悩むこの状態を、私は「こころの定年」と名付けた。「死」が人生の定年だとすれば、60歳に「就業規則上の定年」がある。しかし定年の前に働く意味を失い、思い惑う「こころの定年」状態に陥る人がいるという意味である。

このため２００５年（平成17年）から「こころの定年／研究会」を立ち上げて、70回以上、勉強会を実施してきた。また朝日新聞土曜版で「こころの定年」というコラムの連載を担当して書籍の出版も行ってきた。欧米においても「中年の危機」という概念があるが、これは個人の自立を前提にしている。日本のビジネスパーソンの場合は、それに比べると社員と組織の関係がポイントになるというのが実感だ。

「こころの定年」状態にあるのは、今までの自分では賄い切れない課題を背負っていると言える。その内容をライフサイクルで見ると、上昇一本槍《いっぽんやり》の今までの生き方と、後半生に向けて徐々に降りる道筋との葛藤《かっとう》であることも多い。

そう考えると、人生には前半戦と後半戦があって、前半戦では、同僚や顧客に評価される自分を創り上げることが求められるのに対して、後半戦では、自らの老いや死を何らかの形で取り入れながら働くことが求められている。後半戦では周囲の人と横並びにというよりも、自分なりの向き不向きを見極め、個性で勝負する必要がある。

この前半戦と後半戦の狭間《はざま》で、「こころの定年」状態が生じやすい。そして40代半ばにもなれば体力面では下降していくが、組織管理力や思考力などはまだまだ成長できるので、自身の中にも上昇と下降の矛盾を抱えている。

この「こころの定年」状態を脱出するためには、それまでに作り上げてきたものを壊さなければならない場面もあるが、そのことが定年後の事前準備になっているケースも少なくない。

人生100年時代とは言うけれど

50代以降のビジネスパーソンにとっては、役職定年や出向などが区切りになる人もいるが、一番大きな節目はやはり定年であろう。ほとんどの会社は60歳と定めている。

会社がその社員に対して共同体の機能を担っている場合は、社員は定年が終着点だと思っている。そのため50代に役職定年になってラインの仕事から外れると、もう自分には先がないと意気消沈する人は少なくない。

中高年のライフプラン研修を数多く担当しているある講師は、受講者に職業人生の満足度を表してもらうと、充実度の高い時期は30～40代で最も下降するのは50代。そして60歳を終点として下降し続けるという。これも定年を終着点と捉えているからである。

第2章でも述べるが、60歳時の平均余命まで生きたとすると、20歳から59歳まで40年間働いた総労働時間よりも長い自由時間を、男性も女性も手にすることができるのである。

この長い定年後にもいくつかのライフサイクルの変化が待ち受けている。健康な状態がいつまでも続くわけではないからだ。健康寿命の概念や高齢者が自立して生活できる能力と加齢との関係を調査した研究などを見ると、いずれも70代半ばあたりから健康や生活上の自立面で陰りが見える。

実際に団塊の世代である先輩の話を聞いていると、70歳を越えたあたりで「現役の時に比べて老けたなあ」と感じることが多い。歩き方や身のこなしもそうであるが、話がやや冗長になったと感じることもある。本人たちにも70代後半になれば自由に活動する先輩が減少している実感があるようだ。

そういう意味では、60歳から74歳までは家族の扶養義務も比較的楽になり、健康でかつ自分の裁量で多くの自由時間を持つことができる。この期間を私は「黄金の15年」と名付けた。親の介護や仕事で大変な人もいるだろうが、相対的には自分のやりたいことを貫けるチャンスは大きいと思われる。

私がこの「黄金の15年」のことをテレビのインタビューで話した時に、78歳の今でも、子ども食堂の運営や車椅子《くるまいす》ボランティア、路上生活者への食事提供などをして、地域で活躍している元会社員が紹介された。彼は「黄金の15年」の後の「プラチナの期間」を過ごしていると話した。もちろん75歳は一つの区切りにすぎず、その後も活躍できることはさらに素晴らしいのである。

ただこの「黄金の15年」を過ぎると、自分だけで行動や生活をコントロールするのが難しくなってくるというのも事実である。私自身の両親に対する介護経験に鑑《かんが》みてもそうだ。商売をずっとやってきて気丈だった母は、「子どもの世話にはならず、調子が悪くなれば自らホスピスにでも入ってあちらの世界に行く」と常々言っていた。しかしながら70代後半以降は自らをコントロールできない状態に陥った。

母が80歳を過ぎて入った病院で、自分で食事をとれなくなり意思疎通も難しくなったお年寄りを数多く見た時に、「人生１００年時代」という長寿の響きが本当に実態を捉えているのか複雑な気分になったものだ。もちろん長く生きることは素晴らしいことだ。ただそのなかでの生活の質も見ていかなければならない。社会的な活動は難しくなることも想定に入れなければならないだろう。その点を考慮に入れれば、やはり「黄金の15年」なのだ。

もちろん人によって歳の取り方には幅があるが、定年後は74歳までと、75歳以降、それに最期を迎える準備期間の３つに分けることが妥当である。まずは75歳までを充実して過ごすことを優先すべきである。それ以降のことは、その時になって考えるというスタンスでいいのではないかと私は考えている。自らコントロールできない面があるからだ。

女性の「定年後」は成長分野

最近、新聞や雑誌から数多くのインタビューや取材を受ける機会があった。その時に女性記者が比較的多かった。彼女たちとやり取りをしていると、自らの定年後に関して関心や不安を持っていることがよく分かった。出版社によれば、書籍の購入も想定したよりも女性が多かった。そしてこの背景には、ここ30年余りで女性の働き方が大きく変化していることがある。それが定年後に関する強い関心や興味、および不安にもつながっている。

実は、十数年前に組織での働き方について研究会を立ち上げた頃は女性の姿は少なかった。しかし最近では、「定年後」や「こころの定年」をテーマにする講演やセミナーを実施すると参加する女性の割合は大幅に増えている。特に東京においてその傾向が強い。場合によっては女性の参加者の方が多いセミナーもあった。

その場でじっくり意見交換をしてみると、女性の働き方や女性社員に対する採用や処遇の変化が大きいことをひしひしと感じる。入社時から総合職として採用された社員だけでなく、一般職や事務職として入社した社員も管理職に就いている例が少なくなってきた。なかには同期の男性社員の仕事ぶりと比較して自分の処遇に納得できずに転職する女性社員もいる。何社か転職したのちに外資系企業の部長職を務めている女性社員もセミナーに参加している。働く女性のライフサイクルは明らかに変化している。

今の若い人には考えられないかもしれないが、私が入社した三十数年前は、四年制大学卒の女性に対して就職の門戸は非常に狭かった。大手企業の女性の求人は実質上、短期大学卒、高校卒に限られていて、四大卒の女性は就職しても結婚ですぐに辞めてしまうからという理由がまことしやかに語られていた。

企業の大半は、男性と女性で、仕事内容というかコースを区分していた。現在の総合職的な職務は男性に、一般職的、事務職的な職務は女性にと暗黙のうちに決められていた。当時も公務員やマスコミ、外資系企業などでバリバリ働いて力量を発揮する女性社員もいたが、全体としては少なかった。当時は、「男性は職場に、女性は家庭で」という考え方が残っていたこともあって、女性には重要な仕事を任せられないという風潮もあった。今から考えると、なんと古い考え方が支配していたのかと驚いてしまう。のちに述べる96〜97頁の女性社員の事例を見てもらえば、この変化がよく分かる。

しかしその後、１９８６年（昭和61年）に男女雇用機会均等法（雇均法）、１９９２年（平成4年）には育児休業法、２０１６年には女性活躍推進法が施行されるなどの法的整備とともに、様々な仕組みや制度が設けられて定年まで会社で働き続けることを当然と考える女性が増えている。

ある新聞社の40代後半の女性記者は、自分と同世代では目指す標準モデルのない時代になっているという。「専業主婦だけでなく、結婚して働く人や子どもを育てながら働く人も普通にいる。また独身者のまま働いている人も多い。おのおのが自らの定年後をどうするかを今から考えなければならない」と語ってくれた。また、女性記者が増えたので社内の記者たちの雰囲気も変わってきたという印象があるそうだ。

今後は女性の「定年後」が成長分野だと言えるかもしれない。「定年女子」というタイトルのテレビドラマや、「50代からはじまる女の『定年後』」という本格的な特集を組む女性誌も出てきた（『婦人公論』２０１７年11月14日号）。女性の働き方の変化の大きさに比べると、男性の働き方はこの40年ほとんど変わっていない。

お金の「見える化」が第一歩

ある企業で講演した際に、50歳前後の社員から「いくら貯金があれば、老後を過ごせますか？」という質問を受けたことがある。

定年後を見据えたライフプラン研修でも、「自分の公的年金などの額を把握して老後資産を管理すること」は定番中の定番である。今まで述べてきたライフサイクルについてもお金の問題は除外できないと考える読者も多いだろう。

定年後にまとまった退職金が入ると、時間の余裕もあるので銀行や証券会社、保険会社で今後の取り扱いについて相談する人は多い。また「ご退職者特別プラン」などの名称で優遇した利率の定期預金を用意して顧客の取り込みを図る銀行もある。

金融機関に相談に行くと、将来のお金の出入りを想定したキャッシュフロー表を作成するのが一般である。現在の財産額、家族構成、夫婦２人の平均生活費、受け取る厚生年金の想定額、家やマンションのリフォーム費用などを入力して、年齢の経過に応じて財産がどのように変化するかをパソコン画面で確認できるようになっている。私が相談した時には90歳までシミュレーションすることができた。先ほどの質問にあった定年後にどの程度の資産が必要かもここでの想定が根拠になっている。

キャッシュフロー表はよく使われるが、これはお金が誰にとっても同じ価値を持ち、無色透明であることを前提にしている。しかし実際には、お金は人によって色合いが大いに異なる。私は経理部で社員の経費の使い方のチェックばかり担当していた時期がある。その時に分かったのは、個人のライフスタイルとお金の使い方は密接に関係しているということだ。

たとえば、酒好きの人やゴルフが得意な人は、一般には接待の経費は多くなる。下戸の人やゴルフをやらない人はその逆である。また、ある支店長はステーキなどの肉類ばかり食べていた。どの飲食のレシートを見ても肉類が含まれていて、和食や中華料理を食べることはまずない。会議の弁当代として吉野家の牛丼のレシートを見た時にはたまげたものだ。仕事に慣れてくれば数枚の証票と領収書・レシートを見れば誰が提出したものかがだいたい分かってくる、という中堅企業の経理担当者もいる。

プライベートでも、ブランドの高級時計店の営業責任者と話をしていて感心したことがある。彼女の話によれば、同じ会社の役職者でも、時計に数十万円を惜しげもなく投入する人もいれば、1万円の時計で満足する人もいる。自分たち営業職のポイントは、前者の人たちを探し出すことだと強調していた。私はその時は大阪・難波《なんば》の叩《たた》き売りの店で買った、財布とセットで1万円の時計をしていた。彼女は私のことを「物欲のない人ですね」と言って、自分の顧客でないことを見破っていた。

定年後にいくら必要かを考える前に、まずは自分とお金の関係を知らなければならない。自らの資産の状況、お金の使い方を把握することが出発点である。

こう言うと一枚一枚のレシートを集めて家計簿をつけなければならないと考える人もいる。しかしそれではかえって家計の全体像が見えないので、手間がかかるばかりで有効な対応策にはならない。家計の状態をざっくりと「見える化」して把握すれば事足りる。

家計版バランスシートの勧め

家計にバランスシート（ＢＳ）の考え方を取り入れるやり方がある。企業は毎年、収支計算書（ＰＬ）とＢＳを作成して、利害関係者に開示するとともに自社の今後の経営をどう進めるかを考えている。同様に個人も自らの資産の状況を知って対応する方がいい。ＢＳと聞くと身構える人がいるかもしれないが、会計上の知識や専門用語も不要なので、慣れると30分もあれば出来上がる。これを年に2回、ノートに書いて作成すればよいだけだ。

私は１９８８年（昭和63年）から今まで約30年間にわたって、実際にこの家計のバランスシートを作成して自らの資産を管理してきた。初めの頃と最新のものを比較したものを参考に示すと図表2の通りである。1988年の頃は預金金利も高い時代で、利息額が一つのポイントだった。昨今では低金利なので利息を考慮に入れないことが当たり前だ。このように資産の質の変化も同時に把握できるのである。

具体的な手順としては、大判（A4判がベスト）の大学ノートに、毎年3月末と9月末に資産の項目に現金や銀行預金の残高を記載する。株式や投資信託を持っていれば、証券会社からの通知やネットで確認して財産額を記載する。もし金《きん》などを保有していればその現在の評価額を書き入れる。会社員の家計では減価償却の必要なものは建物か車なので、購入価格を書き込んで、減価償却の年数で均等に割ったものを計上すれば事足りる（売買価格や耐用年数から、建物20年、車6年で割り切ればいいだろう）。

負債の項目はさらにシンプルだ。あっても住宅ローンや自動車ローンだけだという家計も多いだろう。それを書き込み、「資産－負債」の計算をして純資産を出せば足りる。ノートを見開きにすれば左に3月分、右に9月分を書いて、各資産項目の後ろに半年前との増減額を入れれば一目で比較することができる。基本は資産額を書き込めばよいので30分もあれば出来上がる。

そしてこの作業を4回（2年間）くらい繰り返して財産の変動を見れば、財産の状況だけではなく、収支（お金の使い方）の全体感も大略つかめる。一般の家計ではそれほど複雑な

昭和63年3月末

資産		S62.9.30との比較
1.株式	小計275万円	16万円
王子製紙	160万円	
凸版印刷・転換社債	115万円	
2.投信	小計0万円	0円
3.養老保険	小計180万円	8万円
4.現金・預貯金	小計476万円	28万円
三和銀行	96万円	
社内預金	160万円	
財形	100万円	
中国ファンド	85万円	
郵便貯金	35万円	
5.自家用車、住宅	なし	
資産合計	931万円	52万円
負債	なし	
負債合計	0円	
純資産 (資産-負債:931万円)	931万円	52万円

平成29年3月末

資産		H28.9.30との比較
1.株式	小計382万円	56万円
東レ	98万円	
三井金属	73万円	
トナミ	40万円	
など		
2.投信	小計205万円	78万円
インデックス外国株	92万円	
インデックス日本株	40万円	
インド株	62万円	
など		
3.金	小計114万円	5万円
時価@4780円×240g		
4.現金・預貯金	小計850万円	▲12万円
三菱UFJ	550万円	
りそな	280万円	
ほか		
5.自家用車	現在価格135万円	▲15万円
6.住宅	現在価格1950万円	▲50万円
資産合計	3636万円	62万円
負債	なし	
負債合計	0円	
純資産 (資産-負債:3636万円)	3636万円	62万円

図表2　家計版バランスシートの見本　数値は一部改変。年金関係は除外。作成手順は以下の通り。1. 株式、2. 投信は、証券会社からの3月末、9月末の資産報告書から転記。または証券会社のホームトレードで確認。3. 金の1グラム単価を新聞または金の販売会社のホームページで確認して転記。4. 預貯金は、当日に銀行のATMで残高照会する。社内預金も残高を確認する。5. 自家用車は、購入価格から毎回12分の1の金額を減価償却（期間6年)。6. 住宅は、購入価格から毎回40分の1の金額を減価償却（期間20年)。7. 保険があれば解約払戻金額を記載。

取引もなく、日常の決まった支出が大半だからだ。収入も会社員の場合はほぼ一定なので、それほど変数の要素はない。定年後に移行すると給与収入がなくなり、年金収入や自分で稼いだ収入になるが、基本は変わらない。

もし純資産の額がマイナスであれば、企業で言う「債務超過」なので、原因をきちんと抑えておくべきだろう。多くは住宅ローンの借り入れによって生じていると思われる。

収入について補足しておくと、現役の会社員であれば、毎年会社から受け取る「源泉徴収票」には必要十分な情報が入っている。年収額、社会保険料、税金などの項目を年度ごとに転記していけばさらに全体感が把握できて、年収額と手取り額の違いも分かってくる（図表３）。この両者の違いを区分できていない会社員も多い。先ほどのＡ４のノートの最初のページに１行ずつ

	年収額	税額	社会保険料	住民税	手取り額
昭和63年	730万円	48万円	36万円	58万円	588万円
平成１年	780万円	51万円	38万円	62万円	629万円
平成２年	819万円	54万円	42万円	65万円	658万円
平成３年					
平成４年					
（以降同様に継続記載する）〜					
平成16年					
平成17年					
平成18年					
平成19年					
平成20年					
平成21年					
平成22年					
平成23年					
平成24年					
平成25年					
平成26年					
平成27年					
平成28年					
平成29年					

図表３　年収額と手取り額を把握する　源泉徴収票から転記して作成。数値は一部改変。住民税は給与明細から月額の住民税の12倍で算出。

書いていけば、1行空けて記載しても15年間は使える。

このような作業を通じて、自らの資産額やお金の使い方の大略を把握しておけば、必要以上に不安を抱く必要はなくなる。会社員の家計で一番大きな買い物は住宅の購入であるが、住宅ローンの返済の見通しもつけやすくなる。また、趣味や旅行を楽しむ際にも安心してお金を使うことができる。まずは自分とお金の関係を知ることであり、お金に関しても自らの主体性を持つことがポイントである。

簡単に老後破産はしない

何人かの信頼できるファイナンシャル・プランナー（FP）と税理士に、この家計版のバランスシートについて意見を求めてみた。「経理的な感度を持っている人が少ないので、このようなアプローチはとらないFPが多いだろう」「これを顧客がやり出すと金融商品を勧めるのが難しくなるかもしれない」といった反応があった。実際に私と同様なシートを作成することを勧めているFPもいた。

一定額以上の金融資産を持っている人は、定年退職者を含む高齢者が多いので、銀行、証券会社、保険会社などの金融商品を勧める担当者の中には、老後資金の必要額をやや誇張して話法を展開する人がいないわけではない。また極端な場合には、この漠然とした不安を商売のネタにしている人たちもいる。

販売している商品も、高齢者が理解できないような外貨建てのものや、一般のビジネスパーソンでもよく分からない高度な仕組みの金融商品を勧める場合がある。社内での自分の目標額を達成するためには、相手が十分理解できていないことが分かっていても売らざるを得ない立場にある、と内情を打ち明けてくれた金融機関の担当者もいた。

よく分からないものに投資してはいけないというのは鉄則であるが、このようなリスクに対処する意味でも、まずは自分自身のお金に対するスタンスを自分で確認することだ。先ほどの講演時の「いくら貯金があれば、老後を過ごせますか？」という質問に対しては、「質問者は問いの内容を変えなければならない。この質問の前に個人がやらなければならないことがある」と答えてこれらの説明をしたのである。

最後にお金について補足をすると、「老後破産」とか「老後貧乏」という言葉が世上で流布しているが、定年まで働いた普通の会社員であれば、簡単に老後破産することはない。厚生年金に加えて、会社によっては企業年金や退職金もあるからだ。取材をしていて路頭に迷っている人に出会ったことはない。むしろリスクの大きな投資商品に退職金をまとめて注《つ》ぎ込んで損失をこうむる人や、会社員当時からの浪費がやめられないで困っている人はいる。

それらの場合にも家計版バランスシートを作成していれば、投資のリスクや浪費支出の状況を把握しやすい。

元会社員が持つ数百万から数千万円の資産であれば、定年後は銀行預金や個人向け国債を中心にして、確定拠出年金やNISA《ニーサ》などの税制上有利な運用場所を利用しながら、比較的手数料の安いインデックスファンド（日経平均株価などの指標〔インデックス〕に連動した運用成績を目指す投資信託）を加える。余資があれば金の積み立て投資を少額だけ行うくらいで足りるだろう。これだけ低金利の時代であれば、リスクなしで大きなリターンを得ることはできない。とにかく自分が自由に動かせる現金または預金を一定額は確保しておかなければならない。資産の上積みを図るのであれば、無理な投資に頼るのではなく、自ら働くということだろう。

面白いことに、在職中は年金などお金のことを話す人が多いが、定年後にはあまり話さなくなる。お金を簡単に増やすことは難しいからだ。また、お金をもらうよりも、人が話しに来てくれた方がよほど嬉《うれ》しいと思っている人が多いからだろう。そういう意味では、お金に換えられないお役立ちが定年後は意味を持つと言ってもいいだろう。

やはり主体性がポイント

２０１８年度（平成30年度）から新たに専任の大学教授になった。それまでの過程で多くの大学教員の方々と会う機会があったので、定年後についてどのように考えているかについて話を聞いてみた。

当然ながら人によって定年の位置づけは異なっていた。同じ経済学の教授でも、経済史や経済思想史などであれば、60歳や65歳になったからといって何の問題もなく研究を続けることができる。むしろ研究の花を咲かせるタイミングであるという。一方で、経済の実際の数値を積み上げて論文や著作を書くタイプの学者では、65歳ともなると年齢的にも細かな数値を集めて詳細な分析を日々行うことは大きな負担になってくるとのことだった。年齢的なものと研究との関係は専門分野や取り組んでいる内容によって異なるという意見が多かった。

彼らの話を聞いていて感じたのだが、組織（大学）の重みは各教授にとってもちろん大きいが、組織からの指揮、命令に従っている部分は、一般のビジネスパーソンに比べて非常に少ない。そのため定年前後のギャップは相対的には小さい。

家庭での過ごし方の話も聞いてみたが、組織で働くビジネスパーソンのように毎日朝早くから夜遅くまでずっと会社内で働くのとは違っている。自宅での研究日が多く、長い休暇もあるので、男性教員でも家事に取り組んでいる人が少なくなかった。研究でも家事でも会社員に比べて一定の主体的な立場にあることが分かった。ある意味、大学教員は個人事業主に近いと言ってもいいだろう。

また、私が借りているレンタルオフィスではフリーランスとして働いている人が多い。中小事業者を顧客としているあるコンサルタントが、私が主宰する研究会に出席したことがあった。その時に会社員の参加者が「定年後に自分は何をすればよいかを見つけなければならない」と発言をしたのを聞いて飛び上がるほど驚いた。自分で何をするのかが分からない人を初めて見たからだという。

会社組織の中では、主体的に行動するより黙って上からの指示命令に従った方がうまくいくこともある。社内を渡り歩くことができて評価を得られることも多い。ところが定年後にはその指示や命令はなくなり、自分が主体的に動かなければならなくなる。会社中心の働き方を続けてきた人はこのギャップに悩むと言ってもいいかもしれない。

会社という共同体から離れた時には、自分なりに働く意味や生活する意味を見出すことが求められる。ところが主体性を持たない状態では、人生や生活に意味を見出すことはできない。会社員とフリーランスを10年間並行してやってきた私から見ても、やはり会社員は周囲のことに気を使うあまり主体性を発揮しないことが特徴だと痛感している。

第2章以降では、この主体性に焦点を置いて定年前後の過ごし方を考えることにしたい。

第2章「もう一人の自分」を発見

大道芸人の2時間の説教

定年を迎えた私には、ぜひお礼を言わなければならない人がいた。退職直前の年賀状には「おかげさまで、この3月に定年退職になります。またご挨拶《あいさつ》に伺います」と書いた。

2月になって、「ご丁寧なお年始状をいただき、ありがたく存じます。昨年7月に、八房《やつふさ》梅香《ばいこう》は急逝いたしました」と書かれた返信のハガキが自宅に届いた。すぐにネットで検索してみると病気で亡くなられていた。ハガキはお弟子さんからのものだった。

10年余り前に八房梅香さんが44歳で市役所職員から大道芸人に転身した経緯をお聞きした。その頃の私は休職から復帰してまもない時期で、自分がこれからどうすればいいのかまだ見当がついていなかった。

八房さんとの出会いで、特に印象に残っているのは、私が話を1時間ほど聞いた後に、「楠木さんは、これからどうするのですか?」と逆に尋ねられた時のことである。

私が答えると、「2、3年研鑽《けんさん》を積んでサラリーマンの働き方をテーマにした著述業として独立したい」と「あなたは何も分かっていない」と、その後2時間にわたって説教を受けた。

八房さんが私に強調したのは、商売には、「仕入れと販売がある」ということだった。私が会社員のことを書こうとするなら、アウトプットだけではなくて、インプットを続けなければならない。情報の仕入れ先である会社を辞めるなんて何も分かっていないという指摘だった。

「なぜ定年まで働かないのか。そうすれば60歳まで生の情報が入る」

「平社員という身分から君は目を背けたいだけではないのか」

「あなた自身の悩みをどのように解決するかを、読者は読みたいのではないのか」

「そんな姿勢ではモノにならない」

厳しい口調だったが、いずれも私にとっては貴重なアドバイスだった。

八房さんは30代半ばで交通安全課に異動した時、交通安全教室に大道芸を採り入れることを提案して仕事と結びつけた経緯や、役所という組織で働いた経験は大道芸人として主宰する会やイベントの運営に非常に役立っていると具体的に説明してくれた。

八房さんは、当時の私に対して、会社生活で培ってきたことを活かさないと一人前になれないこと、会社はいろいろなことを学べる場であることを何度も繰り返した。会社員で行き詰まったらいきなり退職を考えるのではなくて、新たな自分を作るつもりでやればいいじゃないかと助言してくれた。

メールのアポイントだけで事務所に押しかけたのに、自分の話を1時間語ってくれただけでなく、私の将来についてその後2時間にわたって相談に乗ってくれた。半分以上は説教と言える内容だったが、36年間の会社生活で受けたどんなアドバイスよりも身にしみた。帰り道に神戸の元町《もとまち》を歩きながら、「この世の中、まんざら捨てたものではないな」と感じたことを今も覚えている。結果的には、八房さんの示した道筋を歩むことになった。そういう経緯があったので、最後にお礼を言えなかったのがとても心残りだったのである。

体調不良をきっかけに二刀流

私は八房さんのように会社員から転身して次のステップで「いい顔」で活躍している方々への長時間のインタビューに取り組んできた。主に中高年以降に働き方を変えた人たちだ。その一部を示せば、一覧表の通りである。この中には定年退職まで会社に在籍した人もいれば、それよりも前に退職した人もいる。

○メーカーの部長職 → 美容師
○生保会社の部長職 → 保険分野の大学教授
○総合商社の営業マン → 物書き
○信用金庫支店長 → ユーモアコンサルタント
○鉄鋼会社の社員 → 蕎麦打ち職人
○電気メーカーの管理職 → 高校の校長
○小学校教師 → 市議会議員
○損害保険会社の社員 → トマト農家
○市役所の職員 → 大道芸人
○薬品会社の人事担当役員 → セミナー講師
○石油会社の社員 → 翻訳家
○メーカーの営業マン → 墓石販売
○通信会社の社員 → 提灯職人
○スーパーの社員 → NPOの職員
○外資系企業の営業マン → 地元のNPOの常務理事
○ゼネコンの社員 → 社会保険労務士
○広告会社のプランナー → 料理店のオーナー
○市役所職員 → 耳かき職人
○製薬会社の営業マン → 釣具店のオーナー
○放送会社の記者 → 落語家

私自身は、在籍していた生命保険会社で40代半ばまでは順調な会社員生活を送っていたが、47歳の時に体調を崩して休職した経験がある。50歳の時には完全に体調も回復したが、それまでの支社長や担当部長といった役職を失い、平社員になった。そして今後どのように過ごしていいのか分からない状態に陥った。いかに自分が会社にぶら下がっていたかを思い知らされたのである。

その頃に、たまたま読んだ新聞記事がきっかけになって一覧表の人たちの話を聞き始めた。

彼らの転身したプロセスの中に貴重なヒントがあるという直感があったからだ。彼らのキャリアを目標にするつもりまではなかったが、転身するに際しての経済的な課題、家族との関係（扶養義務を含む）、自らの想いを貫き通す意志などを繰り返し聞いたことが次に進む大きなヒントになった。取材した人は総勢で150人くらいになる。

その後いくつかの幸運な偶然も重なって、転身した人たちを朝日新聞のコラムで一人一人を紹介する機会をもらった。結果として1年余り続けることができた。

そういう経緯があって、生命保険会社の社員のほかに、物書きというもう一つの立場を持ちながら60歳で定年退職した。在職中に12冊の本を書き、少ないながら講演の依頼やテレビ、ラジオに登場する機会をいただいたこともある。

会社生活では順風満帆だった前半戦に比較すると、40代半ばからは逆風や厳しい時もあったが、複数の立場を経験できた満足感はとても大きなものだった。

会社員の立場と物書きとは、時間的にも両立するのが難しいこともあった。しかしその時にどちらか片方を切り捨てるのではなく、2つを懸命につなげようとする営みがそれぞれの立場を充実させたと思っている。また組織に適応する態度が一面的になる時、それを補うようなものを会社員は欲しているというのがよく分かった。自分の考え方を発信するのに誰かの承認を得るというのはいけないと思ったので、会社には何も言わずに二刀流を定年まで続けた。

「働き方改革」の主体は誰か

最近、副業禁止の緩和に関する議論が盛んなためか、ときどきセミナーに講師などで呼ばれることがある。私が生命保険会社に勤めながら10年余り著述活動に取り組んできたからだろう。裁判例や学説を参考に、副業禁止を緩和する規定をどのように就業規則に盛り込むべきかを中心に話が進んだ。

たしかに就業規則は会社の基本ルールを定めたものであるが、私が人事部に在籍していた時の経験から言えば、明文化された就業規則を熟知している管理者はそれほど多くはない。また連合がインターネットリサーチによって行った「36《サブロク》協定に関する調査2017」でも、「会社が残業を命じるためには36協定の締結が必要」の認知率は50％台半ばである。

就業規則などよりも目に見えない職場のルールの方が優先されている例は少なくない。それらを勘案すると、就業規則の議論だけで事足りるのかという疑問が頭に浮かんだ。そのセミナーでは、当事者ではなくて評論家の話を聞いている気分になったのである。

昨今は「働き方改革」がマスコミなどでよく取り上げられる。ただ、実際に働いている会社員の間ではそれほど理解が進んでいない。働き方改革実行計画（2017年3月28日）によれば、「安倍内閣は、一人ひとりの意思や能力、そして置かれた個々の事情に応じた、多様で柔軟な働き方を選択可能とする社会を追求する。働く人の視点に立って、労働制度の抜本改革を行い、企業文化や風土を変えようとするものである」とある。方向性は間違っていない。計画では長時間労働の是正、同一労働同一賃金の実現、賃金引上げと労働生産性向上、働き方の多様化など多方面の指摘が行われている。先ほどの副業禁止の緩和もこの中に含まれる。

しかしここで気になるのは、改革の主体は誰なのかということである。

たとえば長時間労働の是正については、国民の健康、命を守る絶対的な基準作りは国が責任を持って法律で対応すべき課題である。時間外労働の上限規制には、罰則付きの法改正が不可欠であろう。今までは労働基準法第36条を根拠とする、いわゆる36協定（「時間外・休日労働に関する協定届」）に任せすぎていた。

企業内の長時間労働の是正は、もちろん企業と社員が主体なのである。ただ、残業削減ばかりが目的と捉えられがちであるが、実は非合理な働き方を積み重ねてきた結果、恒常的な長時間労働に結びついている面が強い。そのため残業時間をとにかく削減するといった対症療法では効果はさほど上がらない。

このほかの課題も多くが、生産性をにらみつつ個別の企業と社員が互いにやり取りしながら解決する経営問題である。ただ実行計画は、「働く人の視点に立って」と謳《うた》っている割には社員側への言及がない。社員が主体となってどのように取り組むかという観点が決定的に弱いのである。

たとえば副業禁止の緩和では、就業規則の議論だけではなく、社員個人がどのような対応をすればよいかを検討する必要がある。私は、①会社の仕事をないがしろにしないこと、②一緒に働く同僚、直接の上司とうまくやること――の2点が最低限の条件だと思っている。

もちろん会社の情報や資産は利用しない、就業時間中には取り組まないといったことは常識だ。その上で社員側と会社側にどのようなメリット、デメリットがあるか、生産性だけではない幅広い議論も必要であろう。もちろん勤める会社によって副業の位置づけが異なることは言うまでもない。いずれにしても社員側の対応が十分に論じられなければ働き方改革は進まない。最終の主体は個々の社員であるからだ。企業が主体となった「働かせ方改革」にとどまってはいけないのである。

ただ、この点を働き方改革の不備だと一方的に決めつけることはできない。働く社員の多くが主体的な姿勢に乏しく、組織に対して「寄らば大樹の陰」的な考えを持っていることの反映でもあるからだ。

「もう一人の自分」を見つける

私は60歳で定年退職した後、プータローになり、どこの組織にも属さないで取材を続けた。そこで印象的だったのは、在職中に働いている立場と定年退職後の環境のギャップがあまりにも大きいので困惑している人が多かったことだ。

現在60歳の人の平均余命を見れば、男性で85歳前まで、女性は90歳近くまで生きる計算になる。これをもとに、60歳で退職した場合の自由時間を一定の条件で試算してみると、男性でほぼ8万時間、女性はもっと長くなる。一方、現役世代の残業も含めた年間の総実労働時間は厚生労働省の調査で1800時間弱なので、20歳から59歳まで40年間勤めた場合の総実労働時間よりも長い自由時間を持つことになる。

ところが会社に代わる自分の居場所を見つけられず、多くの自由時間を前に立ち往生している人が少なくないのである。家族の扶養義務も軽くなり、まだまだ元気で自分の裁量を持って活動できる期間を有効に使えないのはもったいない。

そういう意味では、働き方改革は定年後の過ごし方も視野に入れなければならない。たとえば50代の社員が60歳定年までの短い期間の働き方しか考慮しないとすれば、本気になれないのは当然のことだ。長い定年後から逆算して在職中の働き方を検討する作業も必要なのだ。

それではどうすればよいのか。ここでも個々の社員が主役にならねばならない。定年前後のギャップの解決は、どれだけ個人が主体的な姿勢を持てるかに尽きる。

一つの方向性は、在職中に会社員とは違う「もう一人の自分」を見つけることであろう。それは仕事だけではなくて、趣味やボランティア的なもの、興味ある事柄をもう一度学び直すことでもいい。

「仕事に注力する自分」「仕事以外で関心のあることに取り組む自分」「家族や友人を大切にする自分」など、多様な自分を同時に抱え込み、仕事と生活を区分・分離するのではなく、相互の好循環をどのように生み出すかを常に頭に入れながら働くということになろう。個人が主体的な立場になるワーク・ライフ・バランスと言ってもいいかもしれない。会社員の中には会社の仕事以外の取り組みをすぐに副業に結びつける人は少なくないが、もっと幅広く考えればいいのである。

50歳くらいから定年後に向けて、会社で働く自分とは違う「もう一人の自分」を探していく。地域の活動やボランティアに関わってみる、趣味などで何かサークルに入ってみる、身の丈にあった小さな起業に向けて準備を始めるという手もある。とにかくやりたいことをやってみる。人生は一度きりだ。「二度あれば」と願ってもかなわない。会社員時代は会社を通して〝間接的に〟社会とつながっているが、定年後には、「もう一人の自分」を通して〝直接的に〟社会とつながった方が居心地《いごこち》はいい。

私に相談に来る若い人の中には、定年後に向けて20代、30代から準備をした方がいいのではないかと聞いてくる人もいる。しかしそれでは早すぎる。取材してきた実感から言うと、40代半ば以降に迷い出して、準備は50代で十分だ。若い時には目の前の仕事に没頭した経験がある人の方が、定年後の選択肢が増えるというのが実感だ。基礎力が養われるからだろう。

イキイキ働く50代社員

繰り返しになるが、生命保険会社の仕事と著述活動を並行して取り組んだ自らの体験や、数多くの人たちに取材してきた経験から言えば、「会社員の自分」のほかに「もう一人の自分」を持つことが大切だというのが実感だ。

会社人生の前半戦である45歳くらいまでは「会社員の自分」だけで間に合う人が多い。しかし第1章で述べたように45歳以降くらいから、自分の「老いや死ぬこと」を取り入れながら働く必要性を感じる人が徐々に増えてくる。

例としては、会社員として働く傍ら、僧籍を取得して若い人に対して説法を行い、一緒にお遍路の旅に出ている人もいる。管理職の登用試験に4年連続で合格できずに落ち込んでいた40代の男性社員が、趣味のスノーボードの技量を高めて、インストラクター資格を取得した。子どもたちや未経験者に教えることによって元気を取り戻した例もある。彼はまもなく昇格もしている。子どもの頃から竹細工などのものづくりが得意だった公務員が、独立して職人になった例もある。

明太子《めんたいこ》を毎日食べていて、口に入れると、どのメーカーの明太子かが分かるというレベルの女性社員もいる。彼女は明太子料理にも詳しい。私はブログの発信から始めて、ぜひ明太子評論家を目指すべきだと彼女に勧めたことがある。また第4章で詳述するように、地域でボランティアに取り組む人、週末に障害者を支援するNPO（非営利団体）で経理の仕事のお手伝いをしている人もいる。

もちろん会社の仕事の延長線上で「もう一人の自分」を発見する例も多い。

企画調査部門に在籍して、業務に関連するエキスパートになることによって、専門家として社外に発信したり、論文を書いたりしている人もいた。そういう人は会社での仕事に区切りがつけば大学や研究機関に転出することが多い。また、専門分野で原稿を書き、本を出版している人もいる。

会社員の傍ら、ファイナンシャル・プランナー（FP）として情報発信をしている人もいれば、ブログでFP情報を流して役に立ちたいと考えている人もいる。役員の秘書として長い経験を持つ女性社員がカルチャーセンターでビジネスマナーの講師をしていたり、社員研修の担当者がコーチングなどの理論を学んで仕事に活かしていたりもする。

「人生１００年時代」というように長く生きることが意識され始めたことも、会社員の自分だけでは人生を乗り切れないという考え方を後押ししている。急激に寿命は延びたが、それに応じた働き方や生き方についてほとんど考えてこなかったからだ。「もう一人の自分」というとすぐに副業のことを思い浮かべる会社員が少なくないが、仕事だけに限定せずに幅広く考えた方がいい。

会社員から独立する人も

社内の「もう一人の自分」からさらに進んで次のステージに行く人もいる。

人事コンサルタント、社労士として活躍中の田代英治《たしろえいじ》氏は、かつて海運会社の人事部の課長職だった。２度目の人事部勤務で自分の専門性をさらに高めたいと考えていた。社会保険労務士の資格も在職中に取得していた。

ところが、「営業部門から異動の声がかかっているぞ」と上司から伝えられた。営業部門に異動してもそれなりに仕事は楽しくできるだろう。ただ、このまま会社の都合に従っていては専門性を持てずに後悔すると思った。

彼は上司に「現在の雇用契約ではなく、今後は業務委託契約で会社と関わりたい」と希望を出して独立した。以前から、社員を辞めて会社と業務委託契約を結ぼうという考えは漠然と頭の中にはあった。社内の仕組みに精通した専門家がいれば会社にとっても有益だろうと思ったからだ。子どもがまだ中学生だったので妻は難色を示した。業務委託契約で会社との関係は継続するので一定の収入は確保できると説得した。

そして現在も週に3日、半日だけ、在籍していた海運会社で働いている。デスクやメールアドレスも現役の時と同じである。他の時間は人事コンサルタントとして20社程度の顧問先を抱え、セミナー講師や執筆にも忙しい。この働き方を10年余り続けている。

会社員の立場のほかに、人事コンサルタントとして活躍している田代氏は、もう一人の自分を持つ好例だと言っていいだろう。退職するか、そのまま残るかの二者択一ではなく働き方にはいろいろな形があり得る。田代氏の選択はその一つなのだ。取材した当時はこういう柔軟な働き方があるのかと驚いた。

現在は、複数の中小企業でCFO（最高財務責任者）を務める森谷和郎《もりたにかずろう》さん（53歳）は、企業の資金繰りや銀行との対外折衝で活躍中だ。

金融機関に在職中は、中小企業相手の融資営業を担当。融資先を見ていて従業員が30人未満の成長企業は、資金需要が旺盛《おうせい》であるにもかかわらず、財務専門の人材がいないため社長が片手間に取り組んでいることが多い。そこに「週に1回程度財務の専門家に依頼したい」企業ニーズを見出した。自分が独立しても複数の会社の仕事を並行してこなすことができれば、収入は維持できるとにらんだ。「管理職になれば、実感のある仕事はできなくなる」という危機感もあって、39歳の時に退職を決意。妻も転勤がなくなったことを喜んでくれた。

同様に、リース会社の社員だった人は、営業先を訪問するたびに、リースの営業とともに相手先企業の経営上の課題を教えてもらい、一緒に解決できるように努力した。大手企業はなかなかオープンに話してくれなかったが、中小企業では経営課題の相談に乗ることが多かった。それらの活動を通して自分の能力を磨きコンサルタントとして独立して活躍している。

彼らは、単に自分を金融機関の渉外担当、リース会社の営業担当という立場にとどめるだけではなく、顧客のニーズを汲《く》み上げる「もう一人の自分」を発見したと言える。

辞めるか、残るかの選択

会社で働いていると、一人だけでは決してできないことが実現可能になる。たとえば商品の取扱説明書一つとっても商品の開発者だけでは作成できない。コスト計算する経理担当者や広報担当者、営業マン、消費者の立場から問題はないかと検討する社員などの協働によって初めて出来上がる。このように力を合わせて一つのものを創り上げたり、あるいは営業の目標数値を互いの協力によって達成できた時の喜びや社員同士の連帯感は組織で働く醍醐味《だいごみ》である。

一方で、人間関係に悩んだり、組織間の調整や根回しの煩わしさに翻弄《ほんろう》されたりする時は、こんな会社ではもう働けないと思ってしまう。私にもそういう場面があった。しかし組織で働くよさを忘れて一人になっても、できることは限られている。

私自身もいきなり休職に入った時には、会社や仕事の制約からはいったん完全に離れたが、自分で何かやろうとしても何もできない状態に陥った。出かけるところも書店か図書館くらいしかなかった。その時に思ったのは、自分の関心のあることを発信するとか、自分の持ち味を活かすには、周囲に仲間や他人がいるから初めて成立することであって一人では何もできないということだった。この話をすると、定年後になって同様なことを感じているという人たちは何人もいた。その中の一人は「今の自分には退屈という言葉が一番合っている」と語っていた。

そういう意味では会社の仕事に疑問を感じても、いきなり「会社を辞めるか、残るか」の二者択一の課題にしないことだ。それは一見するとかっこいいように見えるが、実は選択肢がなくて追い込まれている状態だ。そういう時は今までの自分をもう一度振り返ってみる機会だと思った方がいい。

仕事に行き詰まった時に「もう一人の自分」がいれば、物事を一歩引いた立場の見方ができるので会社組織を客観化できる。また複眼的に物事を見ることができるので一面的な見方に縛られない。会社員の自分と、もう一人の自分との間を行き来すれば、解決できる課題は少なくない。

私の場合は、会社で嫌なことがあっても、家に帰って執筆できると思えばすぐに切り換えることができた。全く引きずらなかった。また、いくら執筆に没頭できるといっても区切りが必要だ。月曜日の朝に会社のパソコンを立ち上げると新鮮だと感じる自分がいた。相互に気分転換になっていたのである。会社員の立場だけだと、どうしても組織のマイナス部分が目について堂々巡りの悩みが続きがちになる。

ピンク・レディー効果を目指せ

サラリーマン経験もある作家の筒井康隆《つついやすたか》氏は、エッセイの中で「最初は趣味に過ぎなくても、プロの腕前となればもはや趣味ではなくなり、身を助ける芸になるのだから、サラリーマンはすべからく何らかの趣味を持ち、ただ持つだけでなくその技術を磨き続けることが必要であろう」と述べている（「趣味をプロ級まで磨き逆境に備えよ」）。

プロ級まで目指すかどうかは別として、「もう一人の自分」を持って活動しても、自分に向いたものであれば思いのほか時間のやりくりはつくものである。会社員は、仕事の量が増えると単純にエネルギーを消耗して疲れると考えがちである。ところが自分に合っていることとなら一晩寝れば回復する。人間はモノではないし、機械でもなく、血の通った生き物なのである。逆に、短時間であっても自分の納得できないことをやっている方がよほど疲れるのである。

そして「もう一人の自分」がイキイキすれば、間違いなく「会社員の自分」もイキイキする。右手が回れば左手も回り、左手が回れば右手も回る。両手は簡単に分離などできず、身体でつながっているからだ。これをかつて流行した歌謡曲「ＵＦＯ」の振り付けになぞらえてピンク・レディー効果と呼んでいる。両者の相乗効果を得ることがポイントである。

たとえば私の場合では、著述活動を始めてから、相手に分かりやすく社内文書で伝えるにはどうすればよいか、また会議の発言一つ取っても参加している人の興味を引き出すにはどんな手順で話せばよいか、など自分で工夫するようになった。このように会社の仕事の質を高めるとともに、著述活動の糧《かて》にもなった。同時に自分を磨くチャンスは社内にいっぱいあることに気がついたのである。それまでの私は仕事をこなすことがマンネリになって、せっかくのチャンスが見えていなかった。筒井氏は先ほどのエッセイで「実は小生の体験からすれば無趣味の者よりもいい趣味の持ち主に仕事のできる者が多い」と述べている。

そして、この「もう一人の自分」は、定年後には本人の大きな支えになることは言うまでもない。

50歳を過ぎると、自らを会社員の立場だけに押し込めるのは多くの人にとって無理があるというのが実感だ。のちに述べるように芸名(ペンネーム)を持って活動することを検討してもいいだろう。

企業不祥事の根底にあるもの

社員がこの「もう一人の自分」を発見することは企業側にとってもメリットがある。昨今は、大手メーカーなどで相次ぐ検査データの改竄《かいざん》など、コンプライアンス(法令順守)よりも、組織の論理を重視する姿勢が問題になっている。同質的な役職員同士が上の意向を汲むことによって生じている面が強い。

私がかつて総合企画部にいた時に、各部署との社内調整や折衝の際によく語られるフレーズをメモしていたことがある。一番多かったのは左記のような文言だ。

「(役員・上司の誰それには) きちんと説明したか」
「(役員・上司の誰それは) どう言っている?」
「(そんな話が進んでいることを) 俺は聞いていない」
「忖度《そんたく》」があちこちで行われていたのだ。

ある中堅の出版社で働いていた30代前半の男性は、勤める会社が伝統ある大手企業に吸収合併された時に、社内の雰囲気が一変したという。彼が最も驚いたのは、月に2回行われるチームリーダー会議が終了した後の会話である。社内の人事に絡む話が非常に多いというのだ。

「○○課長は、中軸から外れたので、もう部長になる目はなくなった」

「△△は役員のヒキがあるから仕事がしやすいはずだ」

「××部長のラインのメンバーは今回の失敗で、もう浮かび上がれないだろう」

こんな会話をよく耳にするという。

以前の会社では社長や役員といつも話ができて、目の前の仕事にじっくりと取り組めた。しかし今は、担当役員のところへ案件を説明するにも事前のアポが要る。以前に比べて詳細な資料も準備しなければならない。また役員のところに行く前に、押さえておかなければならない他部門があったり、話を通しておかなければならない部長がいる。目に見えないルールがいっぱいあって、彼はそれをまだつかみかねているという。

これらの組織内で仕事を進めるための態度要件を端的に言えば、「上司にお任せする」「周囲の空気を読む」の2つである。「お任せする」ためどうしても、他人に物事を委ねることになり、主体的な立場にはなりにくい。また「空気を読む」という姿勢は受け身のスタンスになりがちになる。

おかしな指示や命令であっても最終的には上司にお任せして、周囲の空気を読むことができる人が社内で評価されて出世する。もちろん組織を運営するにあたって一定程度これらの必要性がないわけではない。しかし同質的なメンバーのもたれ合いが過ぎると組織の自浄作用は期待できない。昨今マスコミにもよく取り上げられる企業内の一連の不祥事の根底にはこのような風土がある。

もっと社内に異なる考え方や価値観を取り入れることが必要だ。そのためには、まずは社員の均質化、没個性化を変える必要がある。そういう意味では、型にはめて似たような社員を養成するよりも、「もう一人の自分」を持たせる方がうまくいく場面は少なくないはずだ。ダイバーシティや多様化という言葉がよく使われるが、お題目だけになっていることが少なくない。社員の均質化、標準化を打破するのは、「もう一人の自分」を取り入れる併存化なのである。

そしてそれは会社組織の変化への対応力を高めるとともに、不祥事を防止する役割にもつながってくる。当然ながら、自主性、主体性を持った社員は定年後に立ち往生することも少なくなるのである。

じゃんけんを続ける

私が在職中、会社の仕事を続けながら執筆や講演をしていたのを知って、相談に来る人がときどきいた。どのようにして好きなことを見つければいいかという質問もあれば、すでに自分のやりたいことは決まっているが、進め方について意見を聞きたいという相談もあった。

特に後者の場合には、とにかく一歩前に出て、不特定多数を相手にすることをアドバイスした。定年後も視野に入れて社会のニーズに直接触れることを勧めたのである。

たとえばプロの先生に歌のレッスンを受けているという人がいた。彼は歌を通じてサラリーマンの哀感を込めながら「それでもがんばろうぜ」というメッセージを発信したいと言う。彼は人前に立つこともそれほど臆《おく》さないので、路上ライブで一度歌ってみたらと勧めてみた。その時に彼の口からは、「もっと研鑽を積んでから」「もう少し力をつけてから」という言葉が返ってきた。この2つの言葉を聞いて「またか」と私はつぶやいた。相談にやってくる人たちの共通したフレーズだからである。

コーチングを梃子《てこ》に将来研修講師として独立したい人、人事コンサルタントとして転身したい人、顧客に寄り添うファイナンシャル・プランナーとして活躍したい人などに対して、「不特定多数の人に発信すれば、おのずと自分なりの宿題がもらえる」と勧めても、ほぼ異口同音に彼らは「もっと研鑽を積んでから」を繰り返す。

なぜだろうと思って周りの個人事業主やフリーランスに聞いてみると、「自信がないから」「完璧《かんぺき》を求めているから」「本当は趣味の範囲にとどめておきたいから」などいろいろな回答が返ってきた。どれも外れてはいないのだろう。

何度も話を聞いて分かってきたのは、彼らが、次のステップに踏み出した未来を成功か失敗かの二元論で考えているということだ。

「もっと研鑽を積んでから」の背景にあるのは、新しい世界に踏み出した時に、たとえば「成功の割合30％、失敗の割合70％」といった枠組みを頭の中で作っている。だから「成功の割合を50％以上、失敗の割合を50％以下」にしてからという気持ちが彼らの発言につながっている。しかしこれは実際とはかなり外れた感覚である。

新たな世界に踏み出した途端、成功と失敗という二元論ではとても整理できないことに気づくはずだ。私自身の経験だけではなく、転身者のインタビュー内容を思い起こしてもそうだ。あえて言えば、当初は勝つ見込みの少ないじゃんけんを何度も続けるようなものだ。「負け、負け、おあいこ、負け、おあいこ、負け、負け、勝ち、負け」といった具合だ。

そしてそれぞれの「負け」は独立しているのではなく、後に現れる「おあいこ」「勝ち」のための貴重な経験になるものもあれば、ほとんど役に立たないものもある。運の要素もあるので、何がどう幸いするか分からないといった方が適切かもしれない。いずれにしても計画を立てて進もうと思ってもその通りにはいかない。論理や因果関係ではなくて、偶然に支配される要素が強い。

それを成功と失敗の二元論に還元するのは、一言で言うと、市場感覚がないということである。組織の中に長くいると、社会的な要請に対する感度が弱くなることは否めない。しかし自分のことを評論家のように語ってはいけない。私たちは自分の仕事人生や定年後の過ごし方においてはあくまでも当事者なのである。

やはりバッターボックスに立たなければどうにもならない。じゃんけんを続けることが条件なのである。

複数の自分を持つ

作家の平野啓一郎《ひらのけいいちろう》氏は著書『私とは何か――「個人」から「分人《ぶんじん》」へ』の中で、たった一つの「本当の自分」など存在しない。裏返せば、対人関係ごとに見せる複数の顔が、すべて「本当の自分」であると主張して、個人を分けた「分人」という単位を導入する。分人とは、対人関係ごとの様々な自分のことであり、恋人との分人、両親との分人、職場での分人などがいて、それらは必ずしも同じではないと考えている。

たしかに私たちは、「私」「わたくし」「僕」「自分」「俺」のように自分の呼び名を変えて、相手や場面に応じて自己の位置づけを変化させている。組織内の立場から離れると、数多くの自己イメージを持っていることが分かる。会社の部長が、家庭に戻っても部長のようであるとは限らない。この平野氏の分人という考え方は、基本的には「もう一人の自分」と共通した物の見方に立っている。

あれもこれも的なところがある方が柔軟な対応が可能である。こちらの自分ではダメな時でも、あちらの自分なら対応できることもある。また一生のうちに異なる立場をいくつか経験することは、人生を深く味わうことにつながる。複数の私、複数のアイデンティティを切り捨てないことだ。

もともと人間には、こういった「複数の自分」に対する憧《あこが》れのようなものがある。「必殺仕事人」シリーズの中村主水《なかむらもんど》は、表稼業は奉行所の平同心《どうしん》、裏稼業は庶民の晴らせぬ恨みを金銭で晴らす殺し屋。地味な新聞記者のクラーク・ケントがスーパーマンに変身する。私の子どもの頃のテレビ番組では、「七色仮面」「琴姫《ことひめ》七変化」があった。

また中村主水を演じた藤田まことさんは、喜劇「てなもんや三度笠」のあんかけの時次郎《ときじろう》、「はぐれ刑事純情派」の安浦《やすうら》刑事、「剣客商売」の秋山小兵衛《あきやまこへえ》など年齢に応じていろいろなタイプの当たり役を経験している。

最近であれば、プロ野球界で投手と打者の二刀流を貫く大リーガーの大谷翔平《おおたにしょうへい》選手、お笑い芸人でありながら芥川賞を受賞したピースの又吉直樹《またよしなおき》氏も例に挙げることができそうだ。

ビジネスパーソンでは、日本勧業銀行（のちの第一勧業銀行。みずほ銀行の前身の一つ）の銀行マンを務めながら、シンガーソングライター、作詞・作曲家であった小椋佳《おぐらけい》氏のことを思い出す人が多い。

私自身は、「もう一人の自分」を持つことが、唯一ベストな働き方であるとまで主張するつもりはない。大切なのは、自分に向いている働き方、自らの適性を活かせる場所を見出すことである。そのためにはいろいろな選択肢があって、それを選べることが前提になる。そういう観点からは、やはり複数の自分を持とうとすることは会社員にとって非常に有益であると考えている。

芸名を名乗ってみる

作家の遠藤周作《えんどうしゅうさく》氏は、文学をやっている遠藤周作という本名のほかに、狐狸庵《こりあん》という別名で芝居やダンスやコーラスなどを仲間と一緒に取り組んだ。プロ野球も見ず、ミュージカルの「キャッツ」も味わえず、碁も知らず、ピアノも弾けない自分になりたくなかったので狐狸庵という別名を持ったのだという。

レベルや内容は遠藤氏に遠く及ばないのであるが、私は「もう一人の自分」を作り上げるために楠木新という芸名（ペンネーム）を使っている。小さい頃から落語や漫才が好きで神戸松竹座《しょうちくざ》にもよく通ったので、もともと芸名自体には関心があった。50歳から会社や役職から離れて、「芸人になろう。会社員の自分とは別にどれくらいのことができるのか試してみたい」という気持ちだった。

「楠木」は私が通っていた神戸の中学校の名前から、「新」は、育ったところの地名である神戸新開地《しんかいち》から取った。会社を休職して、どうにもならなくなった時に、私の脳裏に浮かんできたのは、子どもの頃の商店街にいた面白いオジサンたちだったからだ。また中学時代は、友人と一緒に映画館を巡ったり、神戸松竹座の漫才やコントをよく見に行った。当時はこんな毎日が永遠に続けばよいと思っていた。だからその頃の自分に戻ろうということだ。子どもの頃に戻るメリットについては第5章で改めて述べる。

原体験にある地元をひいきにし、愛するということは、自分を大切にすることにつながると思っている。それをもう一人の自分に託したわけである。これは私のケースであって、もちろん人によって様々な「もう一人の自分」がいるはずだ。

執筆や講演、セミナーのどれを取ってもまだまだ試行錯誤の連続であるが、中学生の頃と同様、今は毎日が楽しくて仕方がない。芸名は、私にとって「もう一人の自分」を創るための有効な装置である。

芸名で活動してみると、本名の自分に縛られていたのだと感じることがある。勝手に自分で枠組みというか制約を課していた。50代になっても会社員としての自分という器の中に自らのすべてを押し込めるのは無理があるというのが実感だ。

遠藤周作氏は、「『この道ひとすじ』の生き方が真面目と思われているために、なんと多くの人間がおのれの可能性を犠牲にしていることだろう」と述べている（『生き上手 死に上手』）。それだけではなく、別世界の人と付き合うチャンスは少なくなり、寂しいだけではなく自らを限定してしまうと語っている。全く同感である。

自分の個人生活や家族を切り捨てた仕事中心のスタイルは、表面的には力強いように見えても平板で変化に乏しく、また脆《もろ》いものになりがちである。「もう一人の自分」を持って、どちらか片方を切り捨てるのではなく、2つのチャンネルを一生懸命につなげようとする営みが、自己を深め、結果として安定感のある仕事ぶりにつながる。

楠木新という芸名を持って困ることはほとんどない。携帯電話に出る時に、「もしもし」から始めて相手を確認するまでは、本名か芸名のどちらを名乗ればよいか迷うくらいのものである。

長くなった人生のライフサイクルの変化を考えると、一つの自己イメージで一生を過ごすには無理がある。昔でも、成人してから幼名とは異なる名前を名乗ることもあった。歌舞伎《かぶき》や落語など芸の世界では、襲名披露で名前を変えるのはよくあることだ。自分の成長に応じて名前を変えてもいいわけである。

「いくつもの時間」が大切

「もう一人の自分」を持つなんて、自分にはそんな余裕はないと思っている人も少なくない。50代であれば親の介護で大変な方も多いだろう。私が50代半ばの時の同窓会における近況報告では、ほぼ3分の1の人が介護のことを語っていた。郷里にいる親の面倒を見るために毎週末に帰省している人もいた。またまだ子育てに追われている人もいるかもしれない。

それよりも何よりも、与えられた職責を果たすために一日のほとんどの時間を組織で過ごさなければならない人も少なくないだろう。自らの時間であるはずなのに自分でコントロールできないことが多すぎるという嘆きはもっともなことだ。6~7頁に見る40代前半の平日の過ごし方調査でもそのことはうかがえる。私自身も何度愚痴をこぼしたか数え切れない。

しかしそれでも諦めないことが大切だ。「もう一人の自分」というとすぐに副業をイメージしてなかなか大変だと思ってしまう人もいる。ある人は、劇作家で「北の国から」を書いた倉本聰《くらもとそう》氏を取り上げた新聞記事が面白かったという。彼がラジオ会社に在籍しながら倉本聰というペンネームでテレビの脚本を書いていたところ、それが業界で評判になる。そして直接の上司である部長から、「この倉本聰に会ってこい」という命令が出た。倉本氏は喫茶店で時間をつぶして、会社に戻って「たいしたやつじゃありませんでした」と部長に報告したというのだ。日本経済新聞の連載記事「私の履歴書」にあった一文だ。

この倉本氏のようなレベルの高い「もう一人の自分」など普通は目指せない。私も文章を書いていたのでそれは間違いない。もっとささやかなことで十分なのだ。大仰《おおぎょう》に考えすぎなくてもよい。

実は私が「もう一人の自分」を初めて意識したのは、支店の次長職をしていた時の女性職員の働き方からである。彼女は家に小さい子どもがいたので必ず定時に仕事を終えて帰宅した。テキパキした仕事ぶりと要領のよさは外から見ても目立っていた。上司と部下との個人面談の際に話してみると、子どもがかわいいので、とにかく仕事を早く終えて帰宅することを心がけているという。また家にずっといると子どもとの関係がべったりになりすぎるし、姑《しゅうとめ》さんと離れる時間が持てるので会社に来ることも楽しい。おまけに給料までくれるのでこんないいところはないと笑顔で話してくれた。母親と会社員の立場をうまく両立させていた。当時は、私自身が会社中心の生活でいいのかと悩んでいた時期だったので、特に印象に残っている。

「management」は日本語では「管理」と訳される。たとえば大学の講座名も「ヒューマン・リソース・マネジメント」は、「人的資源管理」だ。しかし私が聴講していた経営学の大学教授は、海外文献を読んでいると原文の「management」を「うまくやること」と読むとしっくりくるという。社員は主体的な姿勢になってうまくやるといった自己マネジメントを身につけたいものである。

大阪大学の総長も務めた哲学者の鷲田清一《わしだきよかず》氏は、「いくつもの時間」というタイトルの文章で、「人は他の生きものともいっしょに生きている。老いた家族や幼い子どもとの時間、ペットとの時間、栽培している植物との時間。そういう時間のなかにじぶんをたゆたわせることもできずに、いまは仕事で忙しいから、しなければならないことがあるからと、耳を傾けずにそれを操作しようというのは、生きものとして歪《いびつ》なことである。余裕のなさから出たその言葉が、自身のみならず、同じ時間をともに生きる相手を想像以上に痛めていることを知るべきだ」と語っている（『日本経済新聞』2018年1月7日）。そして彼は最後に、「時間はいくつも持ったほうがいい。交替でもいいが、できれば同時並行のほうがいい」と述べている。

第3章　60歳からのハローワーク

もう一度就活をするなら？

もう10年ほど前の話になるが、就活中の娘と話している際に、「すでに長く働いている人が就活生に戻るとすると、どういう会社を選ぶのだろうか？」という話になった。

もちろんこういう内容の調査はないので、私の身の周りの人たちに「もう一度就活するなら、どの会社を目指す？」と聞いてみたことがある。

就活中の大学3年生の娘に質問を受けたんだと言うと、多くの人は「それは、戸惑う質問だなあ」と言いながら、予想した以上に真剣に答えてくれた。いくつかの例を挙げると、

「6回も転勤したので、次は地元に腰を落ち着けて働ける会社がいいね。今なら地方公務員の試験を受けるよ」（48歳）

「金融関係は、やはり忙しい。半官半民の会社とか、時間の余裕がある会社を目指すね。給与は安くてもかまわない」(56歳)
「規制産業は堅苦しい。個人の力が十分発揮できる会社がいいね。今だとベンチャー系か外資かな」(47歳)
「やはり今の会社かな。安定していて居心地も悪くない」(52歳)
「入社した頃は、私たち女性には事務職しかなかった。今なら海外で働ける会社を選ぶ」(45歳)
なかには、こういう反応もあった。
「一つの会社に長いと飽きるからね。いくつかの会社を経験したいね」(50歳)
「もう勤め人はいやだ。自分で何も決めることができないから。とにかく今は、在職中に死なないことを願っている(笑)」(44歳)
「柔道部の先輩に誘われてこの会社に来たが、次も先輩の誘いで決まるだろう」(52歳)
勤務中の発言とは異なり、一人一人の内容が大きく異なっていて、その人なりのキャリアの軌跡を垣間《かいま》見《み》ることができた。確固たる自信を持って答える人は少なくて、多くの人がいったん深く考えてから話してくれた。やはり20年以上働いた経験の重みが感じられた。
この質問を繰り返す中で気がついたのは、「働き方を変える」ことの難しさだった。「もう勤め人はいやだ。在職中に死なないことを願っている」と発言した人も毎日出勤していたのだ。

この背景には、転職したり働き方を変えたりすると、社会的評価が落ちる、経済的な不安がつきまとうなどの不利益を考慮する姿勢がうかがえた。

ところで以前、村上《むらかみ》龍《りゅう》氏の『13歳のハローワーク』がベストセラーになった。「いい学校を出て、いい会社に入れば安心」という時代は終わったとして、本当に好きで好きで仕方がないことを職業として考えてみようという内容だった。花、動物、スポーツ、工作、テレビ、映画、音楽、おしゃれ、料理などなど、いろいろな「好き」を入り口に５１４種もの職業を紹介した仕事の百科全書のようなものだった。

この本のスタンスは素晴らしいが、13歳の時点で「自分の好き」を基準に職業を選択するのは実際には難しいだろう。また中高年になって世の中の仕組みが分かっても、先ほどの話のように働き方を変えることは難しい。

ところが定年後になれば、仕事や社会の仕組みも分かり、かつ生き方、働き方の選択も現役の時に比べれば広がりがある。もちろん経済面などいろいろな制約があることも事実だ。しかし『13歳のハローワーク』の言う自分なりの「好き」を追求することにチャレンジできる可能性はある。

人生いろいろ、定年後もいろいろ

雇用延長を選択せずに定年退職した5人が居酒屋で集まって語り合ったことがあった。

2013年（平成25年）に65歳までの雇用責任が事業主に義務づけられた。以降、雇用延長を選択する社員が多いなかで、定年をキリにそれぞれの道を選んだメンバーだ。

A氏は本部の管理機構を中心にいろいろな部署を経験して部長職を最後に数年前に関連団体の役員に出向。管理能力や実務力の高さは自他ともに認める人物だ。彼は定年退職後、再就職のためにネット等を駆使して履歴書を書いてせっせと送ったが、全く相手にされず面接までには一度もたどり着けなかった。「おまえでもそうなのか」と、残りのメンバーは世の中で言われている再就職の難しさは本当なのだと改めて実感した。

結局、A氏はある役所の関連団体の契約社員として比較的専門性のある仕事に就いている。週に3日の勤務で時給は一般よりは恵まれているという。時間の余裕があるので趣味のウォーキングや旅行なども楽しんでいる様子だ。ただ彼自身はもっと骨のある仕事を今も求めているという。

B氏も4年前ほどに子会社に出向。彼も先輩の話から定年後の再就職は難しいと分かっていた。雇用延長を選択すれば本社に戻ることになる。今さら本社で働くのも嫌だったので定年の1年前から積極的に次の職場を探し出した。B氏の在籍する子会社では次の職場を探す50代社員が多かったので、昼休みなどに情報交換をよく行っていたそうだ。B氏も学生時代の友人に相談したり、先輩が働いている会社の事情を聞いたりしていたという。

結局、かつて働いていた当時の仕事仲間と取引先の紹介で大手企業の関連会社に就職が決まった。営業関係の管理職の仕事で定年前よりも給与水準も高いという。「自分はラッキーだったが、貢献できる実績を早く挙げなければならないプレッシャーもある」と語っていた。

B氏の話を黙って聞いていたC氏は、「羨《うらや》ましい」と話し、自らの再就職の経過を語り出した。C氏は定年退職後にどうしても大学院で学びたいことがあったので、雇用延長は選択せずに定年で退職した。ただ経済的な関係からも働かなければならなかったので再就職ではかなり苦労したという。ハローワークなどでは求める仕事を得ることは難しいことが分かったので、友人や知人などにも声をかけて、結果として会社員当時の先輩の紹介で数か月後にパート事務の仕事を見つけた。失業保険の受給が始まる直前だった。細かい事務の仕事は大変だが、将来の仕事や学びにも結びつく可能性があるので続けていくという。

全員が60歳を少し越えた年齢なので、定年後も働くことが前提で話は進んだが、D氏はちょっと違った。彼は60歳で定年退職して何もせずに自宅でゆっくりしているという。定年直前は全国へ出張する仕事でビジネスホテルの宿泊も多かったので、とにかく一度休みたいという気持ちで雇用延長には手を挙げなかった。

彼は「家にいた方が気分的に落ち着く。また一人でいても孤独を感じることもない」と話していた。現役の時も会社から与えられた仕事はとにかくきちんとやるが、自分から進んで仕事を引き受けたり、高い役職に就いて出世しようという意欲は強くなかったという。

もともと外に出て積極的に活動するタイプではなく、家族も自分がずっと家にいることに抵抗もないそうだ。今は家族の分も含めて彼が家事をしていて、当面は家でゆっくり過ごすつもりだという。話を聞きながらD氏は悠々自適が似合う人だと感じた。

彼らとの会話で気がついたのは、当然のことながら各人が自分なりの道を歩んでいるということだ。雇用延長を選択してそのまま同じ会社で働いていると、こんなふうには個性の違いは表れなかっただろう。各人とも「当たり前」というバス停から「いつも通り」という道を通っていたに違いない。

同僚として一緒に働けるか

5人ともまだまだ若く、エネルギーが衰えているという感じもない。60歳の定年時に「まだまだ働きたい」「新たなことに取り組んでみたい」という心情は至極当然であると思えてくる。やはり余生ではなくセカンドキャリアなのである。

ただD氏が自分のことをゆったりと語る姿を見ていると、やはり「何をやってもよく、何もやらなくてもいい。自らの個性にあった働き方、生き方をすればよいのだ。大切なのは退職後の一日一日を気持ちよく『いい顔』で過ごせることだ」と前著に私が書いたことを改めて思い出す。一方で他の３人の話を聞いていると、D氏のように晴耕雨読や悠々自適が楽しめる人物は定年退職者ではやはり少数派であることも事実だ。私も著述活動をやっていなければ時間を持て余して大変だっただろうと今は思っている。

A氏も、B氏も、C氏も再就職ではいずれも苦労したことが分かる。その中でも興味が湧《わ》くのがB氏の事例だ。B氏は誰もが認める人柄のよさで評判の人物だ。自己の利益に拘泥せずにいつも周囲の人のことを優先するタイプである。

B氏が過去の仕事仲間と取引先の紹介で再就職先が決まったという話を聞いて思い浮かべたことがある。それは就活の本を書くために多くの採用責任者に取材をしていた時のことである。彼らが考えている採用の基準をヒアリングした時に、多くの責任者が「自分の部下、後輩として一緒に働けるかどうか（働きたいかどうか）が基準だ」と発言した。もちろん各企業の業態や専門性を求める姿勢、会社の社風にも違いはあったが、最大公約数としては、採用は一緒に働く仲間を探す行為だというのだ。

仕事に対する能力やスキルよりも、仲間として一緒に働けるかどうかを優先していると考えれば、定年退職者の再就職が難しいことも理解できる。見ず知らずで能力のある年配の人よりも、誰かの紹介や知人の評判をもとに若い人を採用するのは、ある意味で合理的かもしれない。

ある程度満足のいく再就職をしている定年退職者に聞くと、B氏やC氏のように先輩や知人の紹介という例が少なくない。やはり13頁からの「定年待合室」の項目で書いた日本型雇用システムが定年後も続いていると言えそうだ。しかしそうは言っても、健康で意欲もある人材なのに働く場がないのは、社会システム上の大きな課題であることは間違いない。

また60歳で定年退職した面々は、雇用延長で引き続き働いているメンバーに比べてイキイキした表情をしていた。これは定年退職者の同期が集まった会合でも何度か同じ話を聞いた。やはり組織の枠組みから離れて自分自身を解放している面があるからだろう。

雇用に関する企業調査

2013年（平成25年）に改正高年齢者雇用安定法の施行によって、企業側は、①定年の引上げ、②継続雇用制度の導入、③定年の定めの廃止——のどれかを選択しなければならないことになった。

いち早く定年延長の制度を導入した会社もある。『文藝春秋』（2016年11月号）では、

「大企業定年延長の職場を行く」というルポで、すかいらーく、大和ハウス、サントリーホールディングス、ＹＫＫなどの各社の事情を取り上げている。人材不足への対応、社員のモチベーション維持などの理由で定年年齢を引き上げたことがうかがえる。

しかし企業にとっては、定年の引き上げや定年の定めを廃止する場合は人件費がかさむデメリットがあることから、大半の企業は継続雇用制度（再雇用）を導入して「定年は60歳、65歳まで再雇用」の道を選んでいる。このため定年退職するか、雇用延長を選択するかが定年直前の勤め人の最大の関心事になっている。

独立行政法人労働政策研究・研修機構が２０１６年（平成28年）６月に発表した「高年齢者の雇用に関する調査（企業調査）」では、全国の従業員数50人以上の民間企業を対象に、60代前半層（60歳以上64歳以下）の継続雇用者の雇用形態などを調査している。

60代前半層の継続雇用者の雇用形態は、「正社員」「嘱託・契約社員」「パート・アルバイト」「グループ・関連会社等で継続雇用された従業員（出向・転籍）」など多様である。

仕事内容については、「定年前（60歳頃）とまったく同じ仕事」（39・5％）、「定年前（60歳頃）と同じ仕事であるが、責任の重さが変わる」（40・5％）に回答が集中している。約８割の回答企業は、定年前後で仕事の内容そのものは変わらないと答えている。ただ「定年前（60歳頃）とまったく同じ仕事」の回答率は会社の規模が大きいほど低下している。

フルタイム勤務の平均的な年収（賃金・賞与のほか、企業から支給される企業年金、公的給付を含む）は、割合の多い順に「300万円以上400万円未満」（27・1％）、「200万円以上300万円未満」（15・6％）、「400万円以上500万円未満」（15・0％）となっている。定年前の年収との割合はこの調査からは分からないが、大幅に削減されていることは間違いない。

雇用延長制度の運営に迷っている会社もある。制度導入当初は給与水準や仕事の内容も社員に対して厳しい対応を行ったが、社員のモチベーションの低下を見て定年延長を検討している会社もあれば、逆にバブル期の大量入社者の人員構成をにらみつつ、今までよりもさらに厳しい対応に舵《かじ》を切る会社もある。

雇用延長を選択した社員に対する処遇は現役の社員も大きな関心を持っているので、彼らの就業意欲の低下防止という観点も企業側は考慮する必要がありそうだ。そのことをはっきりと指摘する人事担当者もいた。それらを総合すると、今後は65歳に定年延長する会社が増えてくるのではないかというのが個人的な見解だ。

公的年金の支給開始時期を遅らせる可能性を見据えて「70歳定年制の導入」を唱える論者もいるが、まずはこの5年間の制度運営の総括が国や企業には求められるだろう。

定年の前に助走を

各勤労者の働く意欲、経済的な事情もそれぞれ異なっているので、継続雇用制度に対する受け止め方も人によって大きく違っている。雇用延長した人たちの継続状況は調査にはなかったので、実際に人事部の担当者２、３人にヒアリングしてみた。「３割程度の人が途中で退職している」「65歳まで働く社員ばかりではない」との回答が返ってきた。

一方で社員側から話を聞いていくと、現役時から年収がどれほどのダウンになるのか、今までの仕事を継続して行えるのか否か（その際の仕事内容、責任の重さはどうなのか）の２つがポイントだと分かる。

年収がダウンすることについては納得がいかなくても仕事を続けているが、仕事の面で当初の想定していたものとは違う、またプライドが許さない取り扱いを受けたなどの理由で退職する人が少なくないというのが私の印象だ。「途中で働く意欲がなくなった」と語った人もいた。

２０１７年（平成29年）の第8回日経小説大賞を『姥捨《うばす》て山繁盛記』で受賞した太田俊明《おおたとしあき》氏は、受賞の際のインタビューで、「60歳で会社を辞めたのですね。今は65歳まで働けると思いますが」と司会者から投げかけられた時に、「65歳からチャレンジして賞をもらっても後がないな、と」と答えたのが印象的だった。60歳と65歳の5年間の差は作家としてやっていくのに決定的だと感じていたのだろう。

太田氏のように定年後に自分のやりたいことが明確である人は雇用延長を選択しない。また、親の介護や地元に戻って親の家業を継ぐような人も同様である。自身の主体的な意思や姿勢、および今後の老いのあり方をイメージする視点は大事だろう。ただ、どの人事担当者に聞いても過半数は雇用延長を選択しているようだ。

定年退職か雇用延長かで、収入などの得失を検討することも必要だろうが、65歳までの再雇用期間を自分自身のライフサイクルの中でどのように位置づけるかという人生設計を見据えた観点も重要だ。

会社での仕事にはもう飽き飽きしていて意欲が湧かないのに、毎日出勤してさらに5年間働き続けるのはもったいないことだろう。自らの人生の時間を大切にしたいものだ。

一方で、定年退職してもあり余る時間の中で立ち往生することが予測されるのであれば、とりあえずは雇用延長を選択するという判断もあろう。いずれにしても諦めずにチャレンジする気持ちは持っておきたい。

新たな生き方を見出す観点からすれば、定年間際になって、退職か雇用延長かで迷うのではなく、それまでに定年後のあり方を考えたり、助走を始めて選択の基準を持ったりしておくことが大切だと思えるのである。

大学の就職センターにて

私鉄のプラットフォームで、会社員時代の先輩の新井啓介《あらいけいすけ》さん（70歳）にばったり再会した。「定年退職後どうしているのですか？」と尋ねると、この駅の近くにあるK大学の就職相談センターで働いているという。

彼は、「これまで働いてきた中で、今が一番楽しい」と語り出した。若い人の役に立っているという実感がたまらないという。新井さんがとても満足そうな表情だったのでいろいろと話を聞いてみた。

K大学の就職相談センターでは、民間企業のOBが学生の相談に当たっている。相談内容は、志望する業種や企業の選び方、エントリーシートの指導・添削、面接の心構えと留意点、内定後の対応などなど幅広い。商社、銀行、保険、メーカー、エネルギーなどのOB7人（定年退職者）が交代で相談センターを運営している。

新井さんは63歳くらいまで会社に在籍することはできたが、同じ会社での仕事はもう十分だと思って定年の60歳で退職した。何をするかは全く決めていなかったそうだ。それでも京都検定に取り組んで観光ガイドのボランティアをしたこともあったという。就職相談センターで活動することになったのは、大学当時の2年後輩の浅田恭正《あさだやすまさ》さん（68歳）から声がかかったからだ。

浅田さんからも話を聞いてみると、エネルギー関連の会社で人事関係の仕事を中心にキャリアを積み、57歳の時に関連会社の監査役になったという。今まではずっとライン職でやってきて、やっと時間ができたので定年後をどうしようかと考え始めた。

浅田さんは大学の同窓会の幹事をやっていたので母校に立ち寄ることがあったが、たまたま大学の掲示板で就職支援の仕事があることを知って興味を持った。彼によると、忙しい時期だったらその掲示物は目に止まらなかっただろうという。彼はその後、縁があって就職相談センターで働き始めた。そして人員の空きが出たので卓球部の先輩だった新井さんに声をかけたのである。

2人の話に興味が湧いたので、実際に就職相談センターの現場を取材させてもらった。その日は、新井さんと浅田さんの担当日だった。訪問したのは2017年(平成29年)の6月上旬。各企業の内々定が出始めた時期だったので、学生の相談内容は最終的にどの企業に絞るかが中心だった。

生命保険会社と銀行とメーカーとで迷っている学生がいたので、生命保険会社の説明はできるだろうということで、新井さんと一緒に相談に立ち会わせてもらった。なかなか好感が持てる学生さんだった。横では浅田さんが別の学生さんの相談に乗っている。若い人と対面で話していると、自分がシニアであることを改めて感じた。しかしその刺激はとても心地よいものだった。

新井さんも浅田さんも自らの体験はいったん横に置いて、学生さんの話に真摯《しんし》に耳を傾けている。学生の目線に合わせて対話していたのが印象的だった。

私も人事関係の仕事が比較的長く、採用の責任者を務めた経験があるので、この就職相談センターの活動は学生にとっても非常に有意義であると確信した。会社勤めのメリットもデメリットも理解したOBが、先輩風を吹かせることもなく、「最後に決めるのはあなたですよ」という姿勢で臨んでいたからだ。卒業式の日に、アドバイスした学生が、期待と不安を胸に挨拶に来てくれることもあるそうだ。

新井さんや浅田さんのように、定年後から新たに自分の居場所を見つけている例もある。浅田さんが偶然、大学の掲示板でこの就職相談の仕事があるのを知ったこと、その浅田さんと大学の卓球部の先輩後輩だという結びつきによって新井さんが新たな仕事を始めていることも興味深い。定年後の働く場所を見つける時には、昔の知り合いから紹介される例が多いことをここでも実感した。

「パパの明日はわからない」

定年後に働く人を取材していて、以前に観たサラリーマンミュージカル「パパの明日はわからない」（劇団ふるさときゃらばん）のストーリーを思い出すことがある。

中堅の食品会社で会社人間だった主人公が、会社の意図するリストラ方針に従って、自分の部下に解雇を言い渡す。その後、リストラに貢献した実績が認められて部長に昇進するが、結局自身も会社から必要とされなくなって退職するのである。

会社一筋で働き続けた主人公を待っていたのは、崩壊寸前の家庭だった。妻だけでなく、勉強に身が入らない浪人中の息子や、反抗期の高校生の娘ともうまくやっていけない。

専業主婦だった妻は、そんな夫に愛想を尽かし、「自分のために生きる」と外に働きに出た。一方、主人公は専業主夫になって初めて家計や家事の大変さを知った。家事の合間にハローワークで職を探すがなかなか仕事が見つからない。彼は、いったい自分は何のために働いてきたのかと自問自答する。

その後、再就職の難しさを味わった主人公は家の近くのスーパーでパートとして働き始めた。近所の目もあって父を恥ずかしいと思っていた娘が、妻と一緒に父の様子を見に行く。訪れる主婦やおばあさんのために、店内で丁寧に売り場を案内したり、商品の説明をしながらイキイキと動き回る父の姿を見て、娘が「パパ、カッコイイヨ」と語りかける場面が終幕につながっていく。

いろいろなもめ事の末、ばらばらだった家族がまとまりを取り戻すという内容だ。脚本も数多くのサラリーマンに直接ヒアリングして作られていたので、とてもリアリティがあった。

私の取材では家族のことを中心に聞いているわけではないが、このストーリーのように働き方を切り換える場面では家族が絡んでくることが多い。

定年後に仕事を見つける場面やボランティア活動、地域活動を始めるにあたっても、妻に導かれて次のステップに進んでいく姿を見ることがある。会社での働き方はその時には唯一当然のことだと思っていても、本当は多くの働き方の一つにしか過ぎないことを感じさせられる場面は少なくない。

短期のバイトでつなぐ

定年退職して今までの仕事の延長線上で新たに就職を望んでもかなわないことが多い。何枚もの履歴書を書いても面接にもたどり着けなかったと語る人は今まで何人もいた。

少子化が続くなか、この課題を解決すべき社会システムが議論や検討されることはもちろん重要である。しかしすぐに根本的な解決に向けた動きが出ている状況ではない。

そういう意味では、自分に合った仕事を見つけるという作業のほかに、自分に与えられた仕事の中に面白さを見出すことも大切だ。

63歳の元会社員はアルバイトをつないで生活している。郵便局や百貨店、選挙期間中の役所のバイトなどは季節性がある。それらの繁閑やスケジュールをにらみながら短期間のバイトを入れていくそうだ。

彼はメーカーでの事務系の仕事がずっとつまらないと思っていたので、定年前に早期退職した。自ら選んだ仕事を短期間ごとにつないでいるが、いろいろな仕事を経験することによって面白みを感じることができるという。会社員の時は、上司のことや顧客のことで思い悩むことが多かったが、今はそういったしがらみから離れて働くことができるので満足しているそうだ。

週に4日程度働いて収入は15万円程度。厚生年金の一部も支給されているので特に生活に困ることはないという。会社員当時は、職場でのストレスを解消するための支出が多かったが、会社を離れるとそれほどお金を使わない。自分にはあまり物欲がないことにも気がついたそうだ。また会社員の時は収入だけを気にしていたが、今は「収入－支出」がポイントであり、支出をコントロールすることが大切だという。

また別の元会社員がアルバイトで働いている物流関係の会社は総勢で十数名程度。半分が正社員、半分がアルバイトだという。彼は以前の会社との違いを実感できるのが楽しいと話す。まずは社長の姿勢が面白い。サラリーマンから見ると自分勝手だと思える発言もあるが、仕事での失敗やうまくいかないことがあっても頭の切り換えが早い。小学生の子どもを見ている気分になるそうだ。細かいリスク管理の仕事をしてきた現役当時から見ると、彼の一挙手一投足が小気味よいという。また社長は正社員もアルバイトも分け隔てなく付き合い、忙しい時は自分で荷物を運んで運転手もやる。夕刻の荷出しの量を見れば、会社の調子がいいかどうかもすぐに分かる。以前はいかに分業制の中で一部分の仕事しかしていなかったことに気づくという。

すべてが現場での仕事なので、他人の思惑や部下の管理に神経を擦り減らすことが全くない。終業後は何も引きずらない。子どもを育てながら働いている女性が冗談ばかり言っている姿を見ていると、「この人たちは生きているなあ」と思うこともあるらしい。

株価の上昇によって1か月のアルバイト代を超える利益が出たこともあるが、投資で得る利益と、現場で働いて得るお金とは同じ尺度では測れないという。

家の近くのスーパーで荷物の搬送を中心に午前中1日4時間、月に80時間程度働いている人は、定年までずっとデスクワークばかりだったので体を使う仕事に初めは抵抗があった。しかしやってみると楽ではないが爽快感《そうかいかん》もあって、中性脂肪なども正常値に戻った。腰を痛めないように気をつけていると笑いながら語ってくれた。彼はスーパーでの仕事に加えて週に何回か、以前の職場で働いた経験をもとにパートの仕事もやっている。

彼らの話を聞いていた時に、サッカーの三浦知良《みうらかずよし》選手が新聞のコラムでラスベガスで出会った荷物を運ぶホテルのポーターを紹介していたことを思い出した。

単調と思われるポーターの仕事だが、その彼は、クルクル踊りながらキャリーケースをはじき飛ばし、ムーンウォークで滑り寄っては、ピピピと笛を鳴らして車を誘導する。マイケル・ジャクソンさながらだったという。

現場で体を使って働く仕事はつまらないと決めつけている定年退職者もいる。しかし好奇心と仕事に対する関心があれば違う世界が見えてくる人もいる。正社員やフルタイムの仕事にこだわりすぎず、複数の仕事をすることが新たな視野の広がりを生んでいると感じる人もいるのだ。

身の丈に合った起業

ここまでは組織に雇われる立場について考えてきたが、もちろん自営業を目指す人もいる。ビジネス誌『プレジデント』（2017年11月13日号）は、「金持ち老後　ビンボー老後」という特集の中で「無理なく長続きが一番のポイント　シニアの自営業の立ち上げ」というまとまった記事を掲載している。その中で私にはコメントとアドバイスを求められた。

記事の中で私は、「定年後の60〜74歳の15年間は、『人生の黄金期間』としたうえで、トータル6万時間あるこの膨大な時間を有意義に使うかどうかが人生後半戦の大事なポイントだ」とコメントしている。掲載事例も参考にシニア起業のケーススタディーを検討したい。

この記事では元電機メーカーのエンジニアの福田さん（68歳）が紹介されていた。彼は定年の1年前から省エネの検証業務を請け負う会社を作ることを社内で提案した。そして設立した会社でそのまま働いている。今は共同経営者の立場にあって、設備会社など数社のコンサルタントや技術顧問も引き受けているという。大学で電気工学を専攻して、在職中にエコプロジェクト推進室で技術担当部長にも就いていたことから、過去の専門知識や経験を活かしている。

技術系の会社員の場合は自らの専門の技術を活かしてコンサルタントになる例も多い。また会社員時代に海外事業に携わった経験のある人が海外進出を検討する中小企業に対して豊富な経験からアドバイスをするコンサルタントや顧問に就任する例もある。

記事の中にある元カメラメーカー社員の澤木さん（67歳）は、配属された研究開発部門には馴染めなかったが、人事部に異動して転職や再就職のためのセミナー講師を担当したことを契機に、社会保険労務士の資格試験に挑戦して2回目の47歳の時に合格した。その後、ファイナンシャル・プランナーとキャリアカウンセラーの資格も取って51歳で個人事業主の形で独立した。独立後も社内セミナーの講師を引き続き任せてもらったという。現在はセミナーや社労士業務で現役時代と変わらない年収をキープしている。

私の先輩にも定年退職直前に社会保険労務士の資格を取得して60歳を越えて独立した人もいる。彼は70歳が目前だが、まだまだ意気軒高だ。自宅を事務所に改装して、社会保険労務士の資格を取得した娘さんも一緒に働いている。会社員当時よりも忙しいそうだ。

たまたま私が人事関係の仕事をしていたせいか、取材した中で独立する場合の資格は社会保険労務士が多い。もちろん独り立ちするのは大変であろうが、活躍している人は少なくない。

この記事では、元商品先物取引会社の営業マンの斎藤さん（61歳）も紹介している。彼は、人手不足の中小企業などの営業を支援する会社を一人で立ち上げた。前職で培った営業力や人脈を活かして6社と顧問契約を結んで営業の代行を行っている。また委託元の担当者を同席させるので若手営業マンの育成も担っているという。

生命保険会社の営業一筋で実績を上げていた私の先輩も定年後、斎藤さんと全く同様な仕事を請け負っている。彼の場合は、会社のオーナーから販売促進よりも若手社員の育成に注力してくれと依頼されている。この点も斎藤さんと似ている。いずれにしても営業力があれば、物品でも、保険のような目に見えない商品でも、変わらずに汎用性《はんようせい》があると言えそうだ。

人脈という意味では、自分の販売力だけではなく営業先の人との関係を豊富に持っていることを有効に使う人もいた。私の知っている範囲でも、医療機器の会社やシステム関係の会社の営業マンが、近い分野のベンチャー企業の顧問やコンサルタントに転じる例もあった。

記事では、このほかにも定年退職後に再雇用された立場と並行してビール専門店の事業を継承した事例などが紹介されている。

これらは、いずれも大きな借金や在庫を抱えるような起業ではない。中高年まで会社員を続けていて、いきなり大きな事業を始めることは難しいだろうし、リスクも大きい。個人事業主やフリーランスとして一人で仕事を始めるなど身の丈に合った起業の方がフィットするというのが実感だ。

想いを事業に乗せる

この『プレジデント』の特集記事で、私のワンポイントアドバイスの対象となった松下さん（57歳）の事例は興味深かった。警備会社勤務時代に副業で高齢者のお出迎え事業を始め、手ごたえを得てから独立している。

地方から東京に来ると、人が多くて交通機関も複雑なので、特に高齢者は不安に思うものだ。そうした〝旅行困難者〟を手助けしたいという思いから起業したという。

「リスクが低く、自分が納得でき、社会貢献もできる仕事を考えるなかで、いまのサービスにたどりつきました」と松下さんは言う。

起業前の1年間は警備会社勤務の副業としてトライアル期間を設けて出身地の親戚や友人、地元商工会議所などに働きかけ、試験的に利用してもらったという。

「確実にニーズがあり、しかも感謝の印として謝礼もいただけ、自分にもできるという3つのことが分かりました。副業という事前リサーチのおかげで、リスクを軽減できました」と語る。

起業した会社の資本金は50万円。約27万円の登記費用のほかは、レンタルオフィス代、ノートパソコンを新調した程度。会社のランニングコストも月4万円ほどで社員は松下さん1人である。

事業の柱は地方在住の高齢者の東京観光を支援するものだが、東京や首都圏の高齢者の定期的な墓参りや、医療機関への通院に同行するサポート事業も需要が着実に増加しているそうだ。

創業から3期連続の赤字だが、今期は収支トントンの見込みだそうだ。空いた時間にチラシ制作のアルバイトなども行い、現役時代の生活水準は維持しているという。

「社会的意義のあるビジネスとして、世の中に広く浸透させていきたい。そのためには細くてもいいから、長く続けていく考えです」と松下さんは語っている。

この事例に対して、「本業があれば焦る必要もなく、起業時のリスクを軽減できて自分に自信もつきます。会社の仕事を大切にするのはもちろん、本業での同僚や上司ともうまくやっていきましょう」という私のワンポイントアドバイスが紹介された。松下さんの事例は単に副業を発展させているといったことだけではなく、個人的な思いをビジネスにしようとする熱意が伝わってきて心が動いた。現役時代にスケールの大きな仕事に取り組んだといっても、会社の名前や職場のシステムに支えられてのことである。松下さんのように工夫をすれば、個人として自ら挑戦の場を得ることができると感じ入った次第である。

日本政策金融公庫総合研究所が2016年11月に行った「起業と起業意識に関する調査」のアンケート結果では、起業に関心のある層に対してまだ起業していない理由を尋ねたところ、「自己資金が不足している」を挙げる割合が58・6%と最も高く、「失敗したときのリスクが大きい」（37・5%）、「ビジネスのアイデアが思いつかない」（34・6%）がそれに次ぐ。

同じ調査で、実際に起業した人たちに起業費用を聞いているが、「100万円未満」と少額の資金で起業する割合が54・3%を占めている。起業だからといって必ずしも大きな自己資金が必要ということではなく、松下さんのように工夫次第で資金不足や失敗した時のリスクは補える可能性があるということだ。「身の丈に合った」はここでも基準になりそうだ。

頭だけで考えずに、まずは一歩前に出て検討するという姿勢が大切だろう。

出る杭が次の道を拓く

専門知識を活かすといっても、先ほど紹介した技術的な専門知識や人脈や資格だけではなく、会社の仕事の延長として起業に至る例もある。過去にインタビューした好例を紹介してみよう。

現在はビジネス分野の女性研修講師として活躍する三井さん（仮名）は、勤めていた銀行の破綻《はたん》を契機に15年前に転身した。

彼女は大学を卒業して入行した銀行では、まず都心部にある支店に配属された。同期の男性は転勤も頻繁にあったが、男女雇用均等法以前の当時は、女性職員は全員が事務の仕事で異動もなかった。

三井さんは次第に同じ事務処理の繰り返しの毎日に飽きてきた。銀行の業務検定試験を受験して合格すると、先輩女性のみならず男性の同僚からもなぜかよく思われなかった。上司との面談で、転勤したいと大泣きしたこともあった。いつも新たな世界を見たいと思っていた当時を「出る杭《くい》でしたね」と笑顔で振り返る。

しかし応援してくれる上司や仲間もいた。働いていた支店で役職者しか出てはいけない本部との直通の電話があった。職場の役職者が忙しくてたまたま席を外していた時に電話が鳴ったので彼女が取ったことがある。夕刻、本部から「女性職員が応対に出た」と次長に長い小言の電話があった。

次長は、初めは電話口で謝りながら叱責《しっせき》を受けていたが、しばらくして「私は部下を信頼していますから！」と言ってガチャンと電話を切った。事務所は一瞬凍りついたような雰囲気に包まれたが、三井さんは嬉しくて、その時のことは忘れられないという。その後、担当の仕事がローテーション化されて、外回りの営業も経験できた。

そうこうしているうちにチャンスが巡ってきた。男女雇用均等法への対応もあって、銀行は女性行員に業務研修を実施することになった。いろいろな職務を経験し、業務検定にも合格していた三井さんは人事部の研修担当に異動。活躍の場を与えられたのである。

ところがその数年後、銀行はバブルの後遺症で破綻してしまった。しかし三井さんは銀行時代に培った経験を活かし、現在は企業などから研修の仕事を受託している。「70歳まで現役で働きたい」とも語っていた。「出る杭」となって格闘した経験が自らのスキルを高め次の道を拓《ひら》いていった。

長年仕事で培ってきた技能、経験、人脈を自分なりにカスタマイズし、身の丈にあった起業を行うことはフィット感が高い。

40代で起業すると、生活のこともあって、嫌な仕事も引き受けなければならない。ところが50代や定年以降になれば肩の力を抜いた仕事のやり方も可能になる。会社の中で自分が行っている仕事を社会の要請と結びつけて考えてみることは、たとえ起業などに至らないにしても意味のあることだと思える。

とにかく動き回ってみる

定年後の会社員の話を聞いていると、自らはハローワークや人材派遣会社などに足を運んだことはないのに、初めから「再就職は無理だ」とか「起業なんてとんでもない」と頭から決めつけて何も行動しない人が少なくない。また「企業は雇用延長で働く社員に対して施しを与えてやっているという態度だ」と、報酬や与えられた仕事に対して不満ばかり言っている人もいる。

たしかに再就職や起業はスムーズにいかないことも多いだろう。雇用延長の取り扱いに納得がいかないことも理解できないわけではない。しかしそれらは、「寄らば大樹の陰」でやってきたから思うだけであって、頼るべきものがない人から見るとわがままに映る。

ハローワークに行って就職状況を知る、実際の働く現場を見学して何かを感じる、起業をシミュレーションしてみる。これなら資金もいらない。冷やかしでもいいからまず初めの第一歩を踏み出すことが大切だ。たとえ就職が決まらなくても、起業が実現しなくても、現実が分かるだけでも大きなプラスなのだ。

私は40代後半で会社を長期に休職した際に、会社を辞めることが頭に浮かび、ハローワークや転職会社にも足を運んだ。ハローワークにあるパソコンの画面の前で年齢と職種と収入による条件で求人を検索しても魅力あるものは多くなかった。しかし、どんな仕事が登録されていて、企業の人事や総務の仕事では再就職が難しいかがよく分かった。

喫茶店の開業支援セミナーに参加した時は、実家の立地と広さで喫茶店を開業した場合のシミュレーションを行ってみた。会社員と同等の収入を得ることは困難だとよく分かった。また、コンビニの店長になるための説明会に何度か参加したこともある。同じコンビニの会社でも、必ず面接を自宅で行う会社もあれば、喫茶店で会うことでもいいという会社もあった。自宅にやってくる会社の方が真剣に人を見ようとしていると感じて、信頼できると思ったものだ。こういったことを知ることも大切だ。その時は役に立たなくても、そこで感じたことが次のステップにつながることもあり得るからだ。

私は大阪市内にあるレンタルオフィスに入居している。専用のデスクと椅子、パソコン、小さな本棚だけがある小さなブースで執筆をしている。またオープンなスペースもあるので、そこで過ごすこともある。

知人に見学してもらうことも多いが、定年退職者、会社員の中でも目の輝く人がいる。独立したオフィスを持つことに対する憧れのある人もいれば、会社と自宅以外に自分の隠れ家《が》が欲しいという人もいる。電話の取り次ぎはできるのか、郵便物の受け取りサービスはあるのか、月額いくらいるのかなどと質問攻めにあうこともある。何かを感じているからだろう。最近は、仕事で培った経験を活かしてフリーランスで仕事を始めるシニアのことがマスコミにもよく取り上げられている。

現地法人を設立した実績や海外の顧客企業を開拓してきた経験を活用して、これから海外市場の開拓に乗り出す中小企業に対してアドバイスするとか、メーカーのＩＴ部門の技術者がウェブ開発の仕事をネット上で受注するとか、エンジニアの経験を活かして中小企業の顧問・コンサルタントを務めるなどの例だ。私のいるレンタルオフィスでも同様の仕事をしている元会社員も少なくない。

また、これらをネットで仲介する会社もある。実際に会社に登録している人の話を聞くと、依頼側は自らの業種だけに通用する技能を求めることが多いので、マッチするのは容易でない面もあるが、会社員当時とは異なる分野のことが理解できる。相談を受けることによってこちらが勉強になることも多いという。

すぐにはモノにならなくても、見聞が広まったり、何かを感じたりするだけでもメリットがある。そこで出会った人や物事が次の世界への扉を開くこともある。とにかく「いつも通り」という道だけを歩くのではなくて動き回ってみることが大事だと思えるのだ。

第4章　最後に戻るのは地域と家族

生き甲斐を生むパン屋

私はこの13年間、実際に働く人たちへの取材を続けてきた。ときには、過去にお話を聞いた人に、時間を置いて再び取材することがある。理解に厚みが出るからだ。

王子《おうじ》養護学校（東京都北区）の教師だった小島靖子《こじまやすこ》さん（当時69歳）は、同校の知的障害者の保護者たちと一緒に「卒業生を応援する会」を立ち上げた。1999年（平成11年）には、この会が母体となって「スワンベーカリー十条《じゅうじょう》店」が開店した。

小島さんたちは相談して、福祉的助成金を受けて運営する福祉作業所ではなく、みんなで働いて賃金を得る有限会社として出発した。立地がよくないので出店は厳しいとの指摘もあったが、それを逆手に取り、パンのお届け販売や出張販売に力を入れた。お母さんたちも「売らなくっちゃ」と必死で販売先を開拓。地域の人たちも応援してくれた。

小島さんは当初、卒業生たちには接客は難しいだろうと思っていた。ところが、お客さんから「何かとても温かい気分になります」「元気が出ます」といった声が寄せられ、彼らが接客することが大きな付加価値となっていることに気づかされた。

また彼らにとっても、自分の配達を喜んでくれる人がいることを実感することが働き甲斐につながっていることが分かった。創業以来8年の間に販路も広がり、厚生労働省や都庁、北区役所にも出張販売するようになった。当時は知的障害者17名を含む35名が元気に働き、時給は740円。月に10万円の収入も可能だ。

しかし、年間8000万円を売り上げても少し赤字が出る。取締役の小島さんは「会社って、そもそも何だろうね」と仲間と考えることがあるという。事業を続けること、従業員に給与を支払うことを存在意義に掲げた会社があってもいいと私は思う。会社の目的は利益を上げることだけではなく、そこに働き甲斐があるかどうかが大切なのではないかと思うからだ。

以上の文章は、私がかつて取材して朝日新聞に書いたコラムの内容だ。養護学校を定年退職した小島靖子さんは、はじめ卒業生には接客は難しくて裏方で頑張ってもらおうと思っていた。しかし彼らに大きな価値があると気づいたという話が印象的だった。

それから10年。たまたま沿線で講演の仕事があったので立ち寄ってみると、小島さんは以前と変わらず取引先の人と打ち合わせをしていた。まもなく80歳とは思えない雰囲気だった。そして後日、再びお話を聞くこととなった。

背筋がピンと伸びる

10年ぶりの取材で小島さんから出た初めの言葉は、「彼らの存在価値をさらに感じるようになった。これを私たちが独り占めしちゃいけない。みんなに伝えなければという気分だ。そうすれば彼らもまた元気になる」とエネルギッシュに語る。

もちろん10年も経てば変化もある。スワンベーカリー十条店を運営していた有限会社ヴィ王子は、2013年(平成25年)にANAウィングフェローズ株式会社と合併して、ANAウィングフェローズ・ヴィ王子株式会社になった。この会社のパンフレットを見ると、ベーカリー事業部のほかにも、機体の整備記録などを電子データ化する仕事や、ANAスタッフのユニフォームなどに関する業務など障害者が幅広い仕事に取り組んでいる。

また、社会福祉法人ドリームヴィの理事長でもある小島さんは、新たに地域の課題にも取り組んでいた。養護学校の教師だった頃から進路指導や就職相談を担当していたので、その頃に会社などに働きに出た卒業生が年齢を重ねて地元に戻ることも多くなった。しかし彼らは地元には足場がない。

そこで彼らと一緒にやる仕事を「地域で必要としていることの中で見つけたい」と、北区内で高齢化率の高い地域だった桐ヶ丘《きりがおか》団地の地域包括センター、高齢者施設の人、自治会、民生委員の人たちとプロジェクトを作って高齢者たちの求めていることとの実態を探ったという。かつては多くの人でにぎわう商店街があったが、今はシャッターを閉めた店が多い。

その中で高齢者の方々への昼食の食事場所として「カフェレストラン長屋」を2014年(平成26年)に開店した。ここでは障害者も一緒に働いている。食べに来たお客さんから「ここは急がせないからいい」「ゆったりした雰囲気がいい」といった声を聞くことがあるそうだ。

またすぐ近くに、他の社会福祉法人や地域の人たちと一緒になって、ふらりと立ち寄って一休みできる場所である「桐ヶ丘サロンあかしや」も2016年(平成28年)にスタートした。

取材に伺った時には、小島さんがレストランやサロンも一人で案内してくれた。その後の事務局の人との会話では、小島さんは「この人は10年前に取材に来て、今でも私が生きているかどうかを確認しに来たらしいよ」と冗談を言って周囲を笑わせる。私が帰り際に「ではまた10年後に来ます」と言ったら、「やだー、ほんとに」とおどけてくれた。

養護学校の教師だった頃から考えていた、彼らの大きな価値をみんなに知らせたいという思いがいろいろな活動につながっている。小島さんの話を聞いていると、定年後は仕事だ、地域活動だ、ボランティアだ、学びだと言っているのは単なるカテゴリーにすぎなくて、本当はその根元にあるものが大事だと気づかされる。帰りにバスに乗って最寄り駅へ向かう間中、私の背筋はピンと伸びたままだった。

４人に１人は友人ゼロ？

広井良典《ひろいよしのり》著『コミュニティを問いなおす』は、都市、福祉、環境、公共政策などの多様な観点や領域から「コミュニティ」を論じている。この本は、高度成長期においては「生産のコミュニティ」であるカイシャが圧倒的な優位を占めたが、経済が成熟化するなかで、かつての「生活のコミュニティ」は回復し得るかという問いを立てている。退職者個人から見れば、会社から地域や家族への居場所の転換に符合する。

内閣府が行った２０１５年（平成27年）「高齢者の生活と意識に関する国際比較調査（第８回）」がある。日本の高齢者と諸外国の高齢者の生活意識を把握するために定期的に実施されている。

この中の「社会とのかかわり、生きがい」の項目では、「家族以外に相談あるいは世話をし合う親しい友人がいるか」との設問に対して、日本では25・9％が「（相談も、世話をし合うも）いずれもいない」と答えている。これは欧米3か国（アメリカ11・9％、ドイツ17・1％、スウェーデン8・9％）に比べてかなり高くなっている。

また同調査で、「病気の時や、一人では出来ない日常生活に必要な作業が必要な時、同居の家族以外に頼れる人がいるか」について見ると、各国とも「別居の家族・親族」の割合が高いが、「友人」の割合は、欧米3か国（アメリカ・ドイツ45・0％、スウェーデン43・4％）が日本（18・5％）に比べて格段に高くなっている。一方、「頼れる人がいない」の割合は、日本（16・1％）が調査実施国中で最も高い。

また「現在、福祉や環境を改善するなどを目的としたボランティアやその他の社会活動に参加しているか」について見ると、「全く参加したことがない」の割合は、日本（47・6％）が最も高く、次いで、ドイツ（44・2％）、アメリカ（23・5％）、スウェーデン（22・4％）の順になっている。

この調査では、60歳以上が対象であるが、第1章でも述べたように60代の前半と70代の後半とでは別のライフステージにあるので、一緒に議論できない面がある。また「親しい友人」の範囲や「相談あるいは世話をし合う」というレベルも幅のある概念である。しかしそれらを考慮に入れても、日本の高齢者が家族以外の友人や地域の人との人間関係が希薄であることは間違いなさそうだ。

この調査について定年退職者に話を聞いてみると、特に男性定年退職者からは、「友人がいなくても支えてくれる家族がいればいいだろう」「無理に友人を作っても実際は頼りにならない」「60歳を越えて新たな友達なんて見つけることはできない」と語る声もあった。たしかに退職後どのような付き合いをするかは個人の自由であり、他人が口を出すのは大きなお世話かもしれない。実は私も地域での人とのつながりや活動は尻込みする方だった。しかしこの1年間、地域活動に対する取材や社会福祉協議会の人とも関わってきて、この調査結果が示す課題は大きいと思えてきたのである。

認知症サポーター養成講座

地域での活動やボランティア活動に入りづらいと考えている人もいれば、すっと簡単に溶け込める定年退職者もいる。これも人によって異なるが、男性はそういう場所に行くことに逡巡《しゅんじゅん》する人が多い。いろいろなボランティア活動を支援している社会福祉協議会のリーダーは、「男女が一緒に地域での活動を行うと、どんな会合も女性が席巻《せっけん》してしまって、男性は駆逐されて来なくなる」と語っていた。健康マージャン教室などの男性向きだと思えるものでもそうだという。

私も住んでいる地域で新たな人間関係を創るのは簡単ではないと実感している一人だ。自分がマンションの理事長を務めた時も、いくつかの自治会活動を取材した時もそう感じた。

ある地方自治体が実施している「認知症サポーター養成講座」を受講した。認知症サポーターとは、認知症の人や家族を見守る「応援者」のことで、何か特別なことをする義務や役割があるのではなく、日常生活の中で自分ができる見守りや声掛けなどをできる範囲で行っていこう、という厚生労働省も推奨している取り組みだ。

資料に基づいた認知症に対する一般的な研修の後で、妻が若年性認知症になった75歳の男性の体験談が語られた。彼が50代後半の時に、妻が認知症になった。「定年後は海外旅行に行こうか」と二人で語り合った時からしばらくしてからの発症だったそうだ。それ以降は片時も妻から目が離せない状況になった。一人で外出すると迷子になって家に帰ってこられないことが何度もあったらしい。発症の前後に、妻は証券会社と取引をしていて相当な額の損失を出していたことも分かった。契約はすべて解除したという。

彼は、「親の介護であれば諦めがつくが、配偶者の場合はいつ終わるか分からない。年上の自分が妻に介護してもらうつもりだったが、想定と全く違った状況になった」と語っていた。歩くのが脳の病気にはよいということを聞いて、妻と一緒に散歩するのが現在の日課だそうだ。彼はこの地域に住んでいて本当によかったという。病院や各種の機関に一緒に付き添ってくれるボランティアもいる。また、同様な境遇にある者同士が集える場もこの地域にはある。自分の体験をみなさんに語る機会があることもありがたいという。控え目ながら率直に語る彼の話を聞いて、その場にいた誰もが身につまされる思いだった。

また別の日に、親や配偶者の介護をしている人たちが集まる会合で世話役を担っている女性の話を聞いたことがある。月に1回程度集まり、有効な情報を互いに交換したり、普段の苦しい思いを共有することによって精神的な負担の軽減を図っている。彼女が言うには、会合に参加している人の3分の1は男性で、親や妻の介護に当たっているそうだ。

先ほどの体験を語った男性が言うように、配偶者より自分の方が年上であっても、病に倒れたり、亡くなる順番は決まっているわけではない。

また、配偶者がいてもいずれは独りになる。その時に子どもと一緒に暮らせるとは限らない。そう考えると、やはり「遠くの親戚より近くの他人」ということわざ通り、いざという時には近くにいる知人が頼りになる。私の子どもの頃も、商店街の人たちが店番を互いに頼み合ったり、子どもの幼稚園の送り迎えを協力していたことを思い出す。

地域の人と交流できるかどうかは個人の好みだけの問題ではなく、生活上のリスクとも関わってくる。これは第1章でいう、75歳を越えて周囲の人の援助を求めなければならなくなった時に特に顕著になろう。もちろんその前から準備をしておくことが求められる。

先ほどの世話役の女性に対して、「中高年の男性は、定年後を見据えてどう対応すればよいと思われますか？」と私が聞くと、「会社の仕事だけでなく地域の人ともつながりを持ち、最低限の家事ができること、普段から家族とのコミュニケーションをきちんと取っておくこと」という回答が返ってきた。地域社会における新たな出会いや機会づくりの必要性は今後もさらに高まっていくだろう。

「こんな世界があるのか」

現役で働いている会社員が地域での活動やボランティアに触れると、会社で働くことのそもそもの意味合いを考え直す機会にもなる。会社員としての自分を客観化できることにもつながるのである。私が経験した実例を紹介しておきたい。

私が40代半ばに大学で医療保障、生活保障の講座を非常勤講師として担当していた時のことである。その講義でゲストスピーカーに来てくれた、中学、高校の同窓生である須藤君（仮名）の授業は圧巻だった。

彼は大阪教育大学で障害児教育を学び、卒業後も仲間と一緒に手弁当で障害者の環境整備に取り組み、重度の身体障害者施設（社会福祉法人）を立ち上げて園長を務めていた。

彼が仕事の内容を語ると、大教室が一つにまとまり、軽い興奮状態になった。

ある日重度の障害を持つ男性が、生まれて初めて自立を体験する宿泊研修に参加した。翌朝の5時頃、彼のお母さんが落ち着かない様子で施設の玄関に現れる。二十数年間、一日も欠かさず息子と一緒に寝ていたお母さんが、初めて息子と離れて一晩を過ごしたのだ。

お母さんは、昨夜から洗濯をしても掃除をしても落ち着かず、たまらず息子の様子をうかがいに来たのだった。須藤君が施設の鍵を開けてお母さんを招き入れ、研修の趣旨を説明するくだりが心を打った。親子はいずれ別れなければならないので、今この研修が息子さんのために必要なのだ、と配慮のある言葉で語っていた場面を覚えている。

須藤君がこの世界に入ったきっかけは、学生時代に出会った親子の食事の場面であったという。重度の障害を持った子どもに、両親が2時間から3時間かけてご飯を食べさせる。その後片付けが終わるとすぐに次の食事の用意をしなければならない。ところがその両親が嬉々《きき》として次の食事の準備をしている姿を見て、「こんなにすごい世界があるのか」とのめり込んだという。

後日、私の講義を聴きに来ていた会社の同僚と、須藤君の働いている施設を見学に行った。彼は私を中学、高校時代の同窓生だと紹介しながら施設内を案内してくれた。

「園長はどんな中学生だったのですか？」とその場にいた数人の女性職員の一人から質問を受けた。「いつもは地味で目立たないのに、文化祭なんかでは最後に突如面白いことやって、それまでのいいところを全部一人で持っていくのです」と私が茶化すと、「それなら今と一緒や！」と部屋中に笑い声が響き渡った。

彼は学生当時の素《す》のままで私の目の前に立っていた。また職員の誰に対しても柔和な表情で接していた。私と一緒に施設を訪問した女性は、翌年3月に「自分は新しい道を探したい」と言って退職した。幾分かはこの時の刺激がきっかけだったのだろう。

その年の大晦日《おおみそか》、友人4人と神戸で食事をした。コーヒー店での二次会で須藤君と二人きりになった。彼は当時話題になっていた障害者に対する法律の改正問題について語った。「自分に力がなくて舟をいくら漕《こ》いでも進まず、結局は元の位置に戻ってしまったり、たとえ後退することがあったとしても僕は漕ぎ続ける」と話す彼の迫力に圧倒された。

学生運動などはやらず青臭い議論もせずに、いつも人に優しく寄り添う彼から出た言葉に驚愕《きょうがく》した。私の周りの会社員からは、彼が発したような志に基づく強い言葉を聞いたことがなかったからだ。私は冷静さを装っていたが、心の中では完全に打ちのめされてしまい、大の字になってリングに沈んだボクサーのようだった。その翌年の4月、私は転勤を機に会社に出勤できなくなったのである。

こんなに人に感謝されることはない

この講座ではもう一つ私を揺るがすことがあった。やはりゲストスピーカーに来てもらった医療に関わるNPO団体の代表者の講義がそれだ。学生たちの心を捉える内容だった。

彼女は授業の冒頭に、人と人とのコミュニケーションにおいて言葉自体よりも、その場の雰囲気や相手に対する思いやりが大切であるという話から切り出した。

この団体は、「賢い患者になりましょう」を合い言葉に患者の主体的な医療への参加を呼びかけていて、毎日多くの電話相談を受けていた。月1回会報を出し、患者の立場に立ったセミナーも開催していた。医療に関わる悩みを抱えた人に寄り添い、彼らの直接の声をもとに発信しているので、講義の内容にも説得力があった。

彼女の話に共感したので、頼み込んで事務所を後日見学させてもらった。当時は代表のほかに常勤のスタッフは2名だけで、ボランティアの電話相談スタッフ数人と一緒に組織を運営していた。少人数であることもさることながら、各自が自律的に仕事に取り組んでいる姿が印象的だった。

「みんなそうしているから」「上司から言われていることだから」「稼ぐためだから」という いつも耳にしていた言葉は事務所の中にはなかった。やっていることが、意味がある、楽しいということを基本にしていた。会社でしか働いたことのない私は、「世の中にこういう組織が存在しているのか」と初めて知ったのである。

また私のケースでは、阪神・淡路《あわじ》大震災の地域での出来事も、会社員生活を見直す一つの機会になった。震災の数日後に、給水車が来ている校区の小学校に車で行くと、愛知県岡崎《おかざき》市の消防士が徹夜で駆けつけてくれたことを知った。校庭では、両手に重いポリバケツを持って家まで帰るおばあさんが多かったので、車で来ていた名前も知らない人たち同士で話し合い、おばあさんたちを手分けして家まで送ったことがあった。会社の仕事に追われていた普段の私には思いも寄らない行動だった。家まで送ったおばあさんが玄関で深々とお辞儀をしてくれた姿を見て、会社の仕事でこんなに人に感謝されることはしていないと感じたのである。このまま仕事を続けていいのだろうかと思い悩んだことを今も覚えている。

クレーマーが多い？

最近は、企業内の研修だけではなく、市役所などからの講演の依頼も増えてきた。市民と協働して高齢者にやさしい街づくりの推進をすることが行政の一つの施策に入っているからだろう。

私は60歳で定年退職して2年余りの間、どこの組織にも属さずに、地域や都心の中で定年退職者と思しき人がどのように活動しているかのウォッチングを続けてきた。

地域における図書館、公民館、ハローワーク、スポーツクラブ、ショッピングセンター、公園、スーパー銭湯、銀行や証券会社の窓口や、書店、喫茶店、ネットカフェ、理髪店、百貨店、映画館、カラオケボックス、パチンコ屋など、定年退職者が立ち寄ると思われる場所に足を運んで、彼らの観察に没頭していた。

ある市役所が主催した講演会では、資料に「何の準備もなく定年退職すると」というタイトルで下記の項目を提示した。「元気な人は同期で1割5分」「名前が呼ばれるのは病院だけ」「半年経つと立ち上がれない」「図書館で小競り合い」「クレーマーは元管理職が多い?」

参加者に興味のある項目を聞いてみると、初めの男性は「図書館で小競り合い」を挙げた。これは、地元の図書館で開館を待っていた男性数人が新聞コーナーに行き、椅子に座りながら新聞を持ち回りで読んでいたが、一人の男性が経済新聞を長く読んでいたので、他の男性が「もう少し早く読んでくれないか」と話しかけると、株価のページを読んでいた手を止めて「順番に読んでいるのだから仕方がないだろう」と言い返して軽い小競り合いになった場面のことだ。

これを話そうと思ったところ彼は、「自分も図書館の新聞コーナーで怒鳴り合いをしていたのを目撃しましたから」と先に説明してくれた。私が地元で見た場面は特別なことではなかったのだ。講演が終了した後に、担当者が経済新聞の購買部数を2紙から3紙に増やすかどうかで図書館で議論になったと教えてくれた。

また別の男性参加者が「クレーマーは元管理職が多い？」に手を挙げた。私が「なぜ興味を持ったのですか？」と反射的に聞いてみると、「最近は自分もクレーマーだと思う場面があるから」と答えたのでこれにも驚いた。私鉄のサービスセンターやスポーツクラブでクレームをつけている中高年男性の姿を目にしていたのだが、これも特別なことではないのだと確信した。

中高年のクレーマーについてのまとまった資料はないと思われるが、全国のJRと私鉄計34社が2017年（平成29年）7月に発表した「鉄道係員に対する暴力行為の件数・発生状況について」によると、16年度の暴力行為は712件で、加害者の年齢は、20代以下は100件（14・0%）、30代は139件（19・5%）、40代は138件（19・4%）、50代は134件（18・8%）、60代以上は152件（21・3%）、不明は49件（6・9%）となっている。

暴力行為というと若者のことかと思いがちであるが、中高年の割合も多く、一番多いのは60代以上である。もちろんクレーマーと暴力行為は同じと言えないが、キレる中高年が少なくないことはこの調査からもうかがえる。

中高年のクレーム場面で気になるのは、子ども、アルバイトの女性、駅員、スポーツクラブの職員など、弱い立場の人や反撃できない人を相手にしていることだ。

実際に見てきた場面から推測すると、本当にクレームをつけたいと思っているというよりも、日々の生活の中での充実感が感じられないことや、将来に対する漠然とした不安、または将来が見えすぎている不満などが背景にあるような気がする。

なぜ役割を果たすのか

NPO法人「老いの工学研究所」の理事長で、長く定年後の居場所について研究して著書もある川口雅裕《かわぐちまさひろ》さんは、老いを学び、充実の高齢期をデザインする「淀屋橋《よどやばし》マスターズ情報館」でいろいろな行事を企画して調査資料なども発表している。

彼は、都会の高齢者が地域活動やボランティアを展開していくのは容易ではないという。川口さんは特に地域活動においては男性の課題が大きいと指摘する。たしかに今まで組織のルールで過ごしてきた人が定年退職を境にいきなり地域のルールで活動していくのは戸惑いがあるのだろう。川口さんによると、女性は日常の生活において何を買うのか、何の料理を作るかなどでいつも何らかの決断をしている。しかし組織で働く男性の場合は普段の生活においても何も決めていない。そのため会社を離れると自分の着地点や居場所を見つけられない人が少なくないという。

先ほどの講演会で自分にクレーマー的な要素があると自覚していた人も、居場所が見つけられないことが原因かもしれない。定年後に地域での活動などを通して自らの存在を確認したい欲求というか需要は間違いなくある。

以下においては、男性の地域活動の好例を中心に紹介しながら地域での居場所について考えてみたい。

前著『定年後』でも紹介したが、大阪府豊中《とよなか》市の社会福祉協議会が都市型の農園を開設していて、その活動は定年退職者の男性を中心に運用されている。

豊中市は大阪の中心部にも近く、農地はほとんど残っていない。たまたま社会福祉協議会に土地を提供してくれる人がいたので、その土地を開墾して土や肥料を入れて「都市型農園」という形に変えて「豊中あぐり塾」を開設し、男性が社会参加する場にしている。広さは約370平方メートルあって、参加する男性会員は50名ぐらいになっている。現在は後述のように、新たな農園も生まれている。

2016年(平成28年)の4月に農園がオープンして、キュウリ、ナス、トマト、シシトウ、ピーマンなどが豊作で、それを地域の拠点などで販売すると完売だったという。17年から私もあぐり塾の会員になった。仕事などがあって十分な活動はできなかったが、いろいろ地域活動について考えることができた。

このあぐり塾の第1回の会合では、資料の中に「豊中あぐり開会宣言」として、「多くの女性たちは福祉活動やボランティア活動を通じて社会参加しているのにくらべ、特に高齢男性の地域貢献という名の社会参加はやや遅れがちです」と書かれていた。男女一緒にやると、どんな会合も女性が中心になって男性は来なくなることが多いので、このあぐり塾では、あえて定年退職した男性だけに絞っている。意識して逆差別的な取り扱いをしているのである。

農作業の指導は、元農業高校の先生や、何十年と農業に取り組んできたプロが講師でやってくる。また2017年（平成29年）に新たに工場の横の土地が社会福祉協議会に提供されたので、その土地を水田と畑にする作業に参加した。ここでも壮年の農業のプロがトラクターを持ち込んでメンバーと一緒に開墾に取り組んだ。近くにある農業用水も使って午前8時から11時の3時間余りで一定程度の作業が仕上がった。参加した20人程度が互いに力を合わせたのでみるみるうちに水田が出来上がった。スコップでの手伝いレベルだったが、私も参加して体を使った爽快感を味わった。

その作業の後は食事会になった。集会場にはあぐり塾のメンバーとともに、他のボランティアのメンバーも参加してにぎやかな昼食会になった。私も横に座った社会保険労務士の仕事をしている男性と多くを語り合った。

秋にはこの水田でコメができて、その藁《わら》でカカシを作ることになった。チームごとに打ち合わせをしたのだが、みんなが真剣に語り合っていたのが印象的だった。もちろんメンバーの一人であった私も身を乗り出して発言していた。

私と一緒に入会したメンバーの一人は、「なぜみんなこんなに自ら進んで、水やりや手入れをしたり、役割を果たそうとするのか分からない」と語っていた。

男の井戸端会議室

〝男談《だんだん》〟は大阪府河内長野《かわちながの》市の南花台《なんかだい》地区を中心とした60〜80代の男性ばかりの集まりで、地域で気軽に語らう場を広げていこうとの趣旨でスタートした。毎月の第2日曜の朝、公民館の会議室で行われている。

取材に伺った日も53人の参加者が集まり、自分でいれたコーヒーを手にして席に座るとおもむろに話が始まる。「どないでっか」「この前はお世話になりましたなあ」「まあおかげさんで」と元気な声が部屋中に響き渡る。地域での出来事やゴルフ、政治談議などワイワイガヤガヤとにぎやかに「井戸端会議」が続いた。

しばらくして始まった「報告タイム」では、〝男談〟の行事、忘年会の日程などが伝えられる。その後の「仲間からの提案コーナー」では、ゴルフ会、ボウリング開催、陶芸教室、河内長野市文化祭・川柳展などの案内と参加の呼びかけが各参加者から行われた。また今回から新たにメンバーになった2人の自己紹介も行われた。

私自身の今までの取材では、地域の男性定年退職者は図書館、喫茶店、スポーツクラブなどで、一人で活動する姿が目についた。グループでの活動も小さな会合が多く、このようないろいろなことを情報交換できる場を見たのは初めてだった。

この〝男談〟の最大の特徴は、「規約なし、役員なし、会費なし、出席自由・欠席自由、その他一切の制約なし」となっていることである。何か組織を立ち上げる時には、規約や役員をどうするか、会費をいくら徴収するかといったことにすぐに意識が向きがちだ。しかし何も決めずに自由に運営することが「お互いを認め、尊重し合い、自らの責任で行動する」自覚が守られると代表の出水季武《いずみすえたけ》さん(74歳)は語る。この点が〝男談〟のポイントだと感じながら話を聞いた。

〝男談〟は男性だけに限っているが、最も強力な理解者・支援者は妻たちで、噂《うわさ》や評判を聞いて、家にいる夫の参加を促していることが多い。そのためさらなる展開として、喫茶サロン「だんだん」として、月1回、女性を交えたサロンを1年前から開催していて、毎回30～40名の参加(半数以上が女性)でにぎわっているそうだ。当面は、男の隠れ家としての〝男談〟と、女性も参加する「だんだん」の2本立てで運営するという。

「出会った同士が万一の時助け合えるようになってほしい。そうしたらたとえシングルになっても、独りぼっちではないはずです」と出水さんは語る。また彼は〝男談〟メンバーと一緒に小学生のための工作教室など新たな地域活動にも乗り出している。ここに来てみると多くの仲間が集まるということ自体が大きな力になるのだと実感する。

ここで〝男談〟の会報にあった女性の投稿記事を紹介しておきたい。「父の〝ビフォーアフター〟に目を見張ります！『ぬれ落ち葉』が『若葉マーク』に若返る魔法」というタイトルの文章だった。

ここ南花台に移り住んで早30有余年。父は賭《か》け事もしない、お酒も飲まない、禁煙も達成する仕事一筋のモーレツサラリーマンでした。その為《ため》いわゆる無趣味人間で、現役時代も休日はひたすらごろんと寝ころびテレビ三昧《ざんまい》。引退後の夢は誰にも邪魔されずに2時間サスペンスドラマを見ることだと公言する父に母の小言（バトル？）が絶えませんでした。

そんな状態のため当然のことながら体も糖尿病↓心臓病と悪のスパイラルに陥っていました。見かねた母が男談に加入を勧めましたが、人付き合いが苦手な父が馴染めるかどうか実のところ家族は半信半疑でした。

が。なんということでしょう！参加させて頂くことになってからの父のビフォーアフフターは目を見張るものがありました。「今週はまた予定がぎっしりだ！」とカレンダーにゴルフや麻雀《マージャン》、陶芸等々せっせとお手製のシールを張り、嬉々として今まで見向きもしなかったであろういろいろなイベントに参加させて頂いてます。

また、母と共に参加できる行事やお友達もできたおかげで夫婦共通の会話も増え、それでいて別々の時間もそれぞれが楽しめる……こんなに充実した楽しい第二の人生が過ごせるのも男談のおかげだと家族一同心から感謝しています。

高齢化が社会問題となる地域も多い中、『濡《ぬ》れ落ち葉』改め『趣味の若葉マーク』を生き生きと楽しむ若返りの魔法を男談でこれからも広めていってください。

「この指とまれ」

会社を引退しても人生の引退はまだまだ先だ。定年後に自由になる多くの時間を自分の興味や関心のあることに取り組みたいニーズは間違いなくある。また、配偶者が亡くなり地域で一人になった時に不安もあるだろう。

前述の「あぐり塾」も男性の定年退職者に限っていて、〝男談〟も男性限定だ。これは単に対象者を絞っているということではなく、「この指とまれ」と自分の旗の色を鮮明にしている表れだ。

ある講演会で地域活動を行っている女性から私に「定年退職した男性で、過去の会社での役職や仕事ぶりを鼻にかけて、やたらと仕切りたがる人がいるので困ることがあります。どうすればよいですか？」といった質問を受けたことがある。

その時に私は「『この活動に来てもらっては困ります』とはっきりその人に告げるのも一つの手かもしれません」と回答した。たとえばそういう人が、〝男談〟に来ても周りのメンバーは排除するだろうと勝手に連想したからだ。人の集まりには、規約はなくても暗黙のルールは間違いなくある。そして旗幟《きし》を鮮明にした方が集まる人の結束は強くなる。誰にでもあまねくサービスを提供するという姿勢でいると、人が集まってこないこともあるのではないか。

この〝男談〟の開催される地域が都市近郊のニュータウンであることにも注目すべきだろう。かつては大阪市内に勤めていた同世代の会社員が多いという特性があるからだ。商店街や都心のマンションよりも住民が求めているものの共通性は高い。そこに住む人のニーズを見極めることも地域活動での要点であろう。

かつてのニュータウンを抱える大阪郊外のお寺がいろいろな行事を行って地域活動の拠点となっている例もある。そこでは週に何回か昼食を食べる「しゃべり場」を設けたり、座禅会や写経会、太極拳や落語会などの行事を行っている。また税理士やファイナンシャル・プランナー、建築士などの専門家が相談を受ける機会も設けている。私もそこで一緒に昼食を食べて簡単な講演をしたが、近くに住む元会社員の方々が数多く参加して活発な質問を受けた。

地域活動ではそこに住む住民のニーズをどのように汲み取るかが大切だ、と改めて感じた次第だ。１０３〜１０７頁の小島さんの活動も、地域の求めるものを探すことから始めている。

これを個人の側から見れば、無理なく続けられるものに取り組むことだろう。地域活動で活躍しているある男性は、「やることの種類は沢山あるので自分に向いたことをやることが大切だ。そうでなければ続かない」と語っていた。それは私が取材で感じていたことと一致していたので印象に残っている。

もちろん自分の立場を変えるようなことではなくても十分な活動はできる。自分の得意なマジックを老人ホームなどで披露する元高校の教師もいれば、好きな楽器の演奏で各施設を回っている人もいる。また運転が得意だというので老齢者や障害者の移動の介助を行っている定年退職者、昆虫好きの人が小学生に知識を教えたり、夏休みの標本を作る指導をしたりして、子どもだけでなく父兄からも「昆虫爺」と呼ばれて親しまれている例もある。

職場でのお役が御免になっても、自分の足元の地域で身の周りの人に喜ばれる役割を知ると、俄然《がぜん》気力が湧いてくるようだ。そこではやはり自分の得意なもの、向いているものに取り組むことだ。第3章の定年後も仕事を続けることに比べると、過去に培った能力やスキルよりも、もともとの自身の向き不向きがポイントだと思えるのである。

現代の寺子屋

もちろん地域での活動は大人が集まる場だけであるとは限らない。大阪府高槻《たかつき》市にある「高槻つばめ学習会」は、厳しい経済環境にある家庭の子どもを受け入れる民間の無料塾だ。代表の茶山敬子《ちゃやまけいこ》さんはもともと主婦で、56歳になって社会福祉士の資格を取得した。ボランティア先などで生活困窮、生活保護の実態を知るとともに、自立への意欲や意志を失った若者を見て衝撃を受けた。そして社会には応援してくれる大人がいることを子どもたちに知ってほしいと思った。その頃たまたまネットで東京の「八王子《はちおうじ》つばめ塾」に出会って、地元の高槻にも無料塾を作ることを決意した。

茶山さんによると、大阪府の子ども生活調査を見ても、困窮度は一人親家庭や非正規雇用の家庭との相関性が高く、困窮度が高い子どもほど勉強時間が少ない傾向がある。衣食住はなんとかなっても、教育や子どもが体験することにお金をかける余裕や時間がない家庭は多くて、教育格差につながっているという。

２０１６年（平成28年）６月に発足した「高槻つばめ学習会」では、在籍の生徒は小学校４年生から中学３年生までの20人、生徒の約４分の３が一人親家庭だという。登録している講師は約50人。この中には高校生から70歳過ぎまで幅広い年代の人がいる。生徒一人一人に合わせた「ボランティア講師による個別型指導」の学習を行っている。ボランティア活動を行う任意団体で、行政の委託事業ではないので財源は補助金ではなく、すべて民間の助成や個人の寄付などで賄われている。

土曜日の午後に高槻市の公共施設で実際の授業風景を取材させてもらった。小学生はグループ授業で先生が英語を教えていた。カードを使って遊び感覚も交えた授業で、子どもたちの笑顔がかわいい。別の部屋では中学生が先生と一対一で数学や英語に取り組んでいた。なかには小さいホワイトボードを使って何度も書いては消しながら進めていたペアや、机の上に消しゴムを使ったカスが散らかって取り組んでいるペアもあった。今まで学習塾にはあまり縁がなかったので、このような活動があるのだと驚いた。講師にも生徒にも両者に得るものが大きいだろうと直感した。

当日は、講師の元会社員３人と元高校の英語の先生に話を聞いた。

元会社員は、年齢的には68歳から70歳の製薬会社や電機メーカーを定年退職した男性だったが、生徒とのマッチングのタイミングがあるので毎週必ず教えるということではないようだ。時間的にはそれほど拘束されるわけではなく、自宅からは比較的近く、一人は自転車で来て中学生に教えている。自分の時間も大事にしたいのでできる範囲でやっているという。自然体で話す姿を見ていると、定年退職者には比較的フィット感のあるボランティアだと感じた。自分の得意なことを教えることが大切で、海外の学校や現地法人にいた経験のある講師は、会社員での海外経験をもとに興味ある授業ができるように工夫を凝らすと話していた。講師の中には紙芝居を使って小学生に朗読を教える人もいるそうだ。

元高校の英語の先生は、英語を教えるのはお手の物だ。現在は70代半ばを越えているが、月に2回、2時間、中学生を教えている。生徒との年齢差は60歳にもなる。彼は「教師を引退すると若い人と語れる場がなくなる」と笑っていたが、会社員で定年退職した人も同様の発言をする人が多い。しかしここではその機会は十分にある。今は以前からの趣味である碁会所に通うのと、この教室に来るのが楽しみだという。みなさん信頼感のある人たちばかりなので生徒も安心だろう。

茶山さんは、交通費も自腹の無償のボランティア講師なんて誰も来てくれないのではないかと初めは思っていたそうだ。しかし、多くの人が集まり、世の中捨てたもんじゃないと感じたという。ボランティアは一方的に与えるだけではなくて受け取るものも大きいからだろう。

等価交換を前提とするビジネスの世界しか知らずに人生が終わるのはもったいない。経済が今のように発達しない時代にもずっと人の生活が続いてきた背景には間違いなく、「支える」「支えられる」という関係が続いてきたことがある。こうして見てくると、定年退職者が地域で活動できるチャンスは結構ありそうだ。

地域に社会システムの構築を

地域で農園を運営、男性の井戸端会議の場づくり、お寺が地域活動の拠点に、公共施設で無料学習塾の運営など、いくつかの地域活動、ボランティアの例を紹介してきた。このほかにも知恵を凝らした活動が全国の地域で実施されている。いずれも素晴らしい活動であるが、それを支える器というか、社会的なシステムがもっと充実する必要があると何度も感じさせられた。

私は前述の通り、地域で定年退職者が足を運ぶ場所を徹底的に歩き回ってみた。図書館や公民館は諸々の活動の拠点や居場所になっているが、公共的な建物であるために、活動を支える柔軟な対応という意味ではやや物足りない点がある。そのほかの施設も、個人一人一人が活動するにはそれぞれの機能を果たしているが、地域の活動を支えるにまでは至っていない。居場所としてはスポーツクラブが大きな役割を果たしているが、やはり個人の活動拠点である。

郊外のショッピングセンターは買い物中心の施設の意味合いが濃い。ただ、最近の大型施設では顧客の居心地のよさに配慮した施設が生まれているのも事実である。少額の入場料を取っても運営できるのではないかと思えるくらいの施設もある。当然ながら多くの人が集まっている。

歩き回った実感から言えば、地域での活動や居場所を支える社会システムとしては2段階くらいが考えられそうである。

一つは、郊外にあるショッピングセンターを改編して、買い物中心の施設から、もっと居心地のよい場所、人と人とがつながる拠点になるように変えることだろう。もちろん高齢者だけが対象ではなくて、自営業の人、子ども連れの母親、放課後の学生などが年齢や職業を越えて集まる場所になることだ。

もう一つは、地方自治体と住民と企業が協力をして、高齢化に対応した街づくりを行うということである。たとえば地方自治体の中には、高齢になってもイキイキと暮らせる「エイジフレンドリーシティ（高齢者にやさしい都市）」の実現を目指すことを宣言している都市もある。

単純化して言えば、高度成長期型の街を高齢化に対応した街に改変する取り組みである。

これは実際のモデル都市で実験的に進めるプロジェクトになるだろう。地方自治体と住民と企業はそれぞれ利害関係も輻輳《ふくそう》するので進めるにも時間がかかるだろうが、日本の急速な高齢化は世界有数なので、これらの課題を解決するソフトや知恵は輸出もできる。将来の日本の基幹産業になる可能性がある。そのためには、高度成長期の鉄鋼業や造船業とは違って、具体的な実例、個人的な体験の集積を基盤にしなければならない。

「最高の人生の見つけ方」

前著の『定年後』では、米国の男性定年退職者を活写した「アバウト・シュミット」という米国映画（2002年公開）の内容を紹介した。名優ジャック・ニコルソンが演じる主人公シュミットが、ハッピーリタイアメントどころか、元の仕事場の仲間からは疎んじられ、長年暮らした妻は急死、長い付き合いの親友には裏切られて、家で独りぼっちになって無気力な日々を過ごす。また一人娘の結婚にも納得できない。ラストシーンは感動的ではあるが、一人になったシュミットに対して新たな助け船は出ない。自分自身で人とのつながりを築いていかなければならないことを暗示しており、後味にも厳しさが残る作品になっている。

ジャック・ニコルソンは、全く偶然であろうが、別の作品でこの「アバウト・シュミット」で示された課題である定年後に対処すべきヒントを示している。

「最高の人生の見つけ方」（2008年公開）は、自分本位で結婚と離婚を4回繰り返した大金持ちの実業家（ジャック・ニコルソン）と、家族を養うために勤勉実直に働いてきた自動車修理工（モーガン・フリーマン）が、ともにガンで余命6か月であると宣告される。

入院先の病院で同室になった二人は、意気投合して、残された時間で「やりたいことのメモ（棺桶《かんおけ》リスト）」を作成する。そしてそれを実現するために病院を脱出する。

スカイダイビングで空を舞い、レーシングカーに乗って互いに競走したり、サファリにも足を運ぶ。また専用ジェット機をチャーターして、インドのタージマハル、エジプトのピラミッド、エヴェレストを目指してヒマラヤにも飛ぶ。高級料理を食べ歩き、一緒に旅行する中で二人は互いにかけがえのない友情を育《はぐく》む。

陳腐な内容になりかねないストーリーであるが、ジャック・ニコルソンとモーガン・フリーマンの二人の名優のやり取りがリアリティを醸し出している。

そして世界を股《また》にかけて棺桶リストをやり尽くした二人が地元に帰ってくると、自動車修理工は、以前と同様に温かい家族の元に戻る。そして看護師の妻や子どもたち、孫たちにも見送られながら旅立つ。亡くなる直前、彼は親友となった大金持ちの実業家に宛てて最後の手紙を書いていた。関係が途切れている一人娘に会いに行くよう訴えた内容だった。

それに従い、実業家は久方ぶりに娘の自宅を訪問して、ぎこちないながらも娘と孫と一緒の時間を過ごす。そして孫の女の子を抱きしめてキスをする。そして「世界一の美女とキスをする」という二人で書いた棺桶リストの項目を実現する。

残りの人生でとにかく好きなことをやり尽くそうと、世界中を巡り、いろいろなことを経験した二人であったが、最後に戻るところは自分の足元の家族だと、この映画は示唆しているように思えた。

会社参観日の勧め

多くのビジネスパーソンや定年退職者に話を聞いていると、家族の果たす役割が大きいことに気がつく。会社の仕事と家族との関係の距離がもっと近くてもいいだろうと思うことは少なくない。

かつて私が支店で次長を務めていた頃、小学生だった娘の授業参観に出て、親は子どもが学校で勉学する様子を見ることができるのに、娘が私の仕事ぶりを見る機会がないことに気づいた。調べてみると当時でも会社参観日を設けて、子どもたちに実際に働いているお父さんやお母さんの仕事ぶりを見学する機会を与えている会社があることが分かった。

そこで職場の事務担当者の会議で会社参観日を設けたらどうかと話したところ、翌日、営業所の女性契約社員から依頼があった。「高校生の息子が、夏休みの宿題の『会社研究』で困っている。支店で息子に会社の話をしてほしい」というのだ。もちろん承諾した。後日、私がまず息子さんを案内して営業所に行って母親が実際に働く姿を見てもらった。その後、支店に戻って私から彼に会社の概要や支店や営業所での業務内容を説明した。イキイキとした目で質問する彼の顔は今も鮮明に覚えている。こちらの方が元気をもらった感じだった。

その日の夕刻、彼女が私のところにお礼にやってきたので「いい息子さんですね」と話しかけた。すると「家では仕事の話はしないので、働いている姿を見てもらえてよかった」と喜んでくれた。

その後で営業所の職員から意外な話を聞いた。私と息子さんが行く前に営業所では打ち合わせが行われていて、かっこよく仕事をするお母さんを見せようとみんなで段取りをしていたらしい。その真偽までは確認しなかったが、そんな家族的な営業所なら、さぞ仕事は円滑に進んでいるだろうと思ったものだ。

また、取材したある夫婦はフルタイムの共働きで、仕事の終わる時間が不規則だった。そのため、長男が生まれたのだが、1年間の育児休業後は保育園の送迎ができない事態が予想された。なんとか子どもを預かってもらえないかと、様々な制度を検討して、ツテにも頼ったが見通しが立たなかった。

このため英語が得意で留学経験もある夫が家で翻訳の仕事をやれないかと考え始めた。しばらくして見通しがついたので、フリーランスとして独立することを決意した。退職を告げた時、上司から「そういう時は嫁さんが辞めるんじゃないのか」と言われたそうだ。

会社と家族を別のものと考えるのではなく、その互いの結びつきや連携をもっと検討することも必要だろう。

家族新聞の発行

最近は「定年後をどのように過ごすか」についてマスコミから取材を受けることや企業や団体から講演を依頼されることがある。その時に、取材に来た人や講演手配の窓口になる人が定年後に強い関心を持っていることがある。30代半ばくらいの人が多いのだが、相手に逆取材してみると、定年になった自分の親、特に父親のことを語る人が多い。

父親が地元の企業を定年退職したが、家にずっといる生活になってテレビの前から離れず、母親にあれこれと指図をする。そのために母親がまいっていると率直に話してくれる男性もいた。郷里に帰るたびに自分も重い気持ちになるそうだ。

また、定年後の取材に手を挙げたのは、自分の父親のことで何かヒントがないかと思ったからだ、と語ってくれた女性もいた。彼女は毎日三食のご飯の用意をしている母親がかわいそうだという。

マスコミのインタビューを受けた時にも、それまでの脈絡からやや外れるタイミングで「定年後の男性に対して家族は何ができるのでしょうか？」という問いかけがあった。おそらく自分の父親をイメージしての質問だったのだろう。定年後の親の過ごし方が子どもにも影響することを思い知った。

もちろん家族が大変な思いをするという事例だけではなく、出張の多かった夫が家にいるようになって家族が落ち着いたという人もいれば、妻の導きによって地域での活動の足場を得た男性定年退職者もいる。

『夫の定年』（グループわいふ、佐藤ゆかり著）という本は、世界に冠たる長寿社会の日本で、男も女も真の意味で「幸せな定年後」を手に入れるためにはいったい何が必要なのかという課題意識で、5組の夫婦のインタビューを紹介している。アンケート編には、約30年前の実施内容との比較があって興味深い。夫婦の関係は本当に多様なので、このような具体例というか、事例研究といったものが役立つのではないかという印象だ。

家族との関係で言えば、介護の問題が大きいことは言うまでもない。50歳以降の同窓会での近況報告では、3、4割の人が介護のことを中心に話す。

定年前に早期退職して起業した70歳の先輩は、90歳を越えた母親の介護を引き受けて食事も作っている。「人が老いてボロボロになっていく現実と日々向き合いながら、我が身に重ねて今後のことを考えています」と答えてくれた。大変な介護の中でも、自分なりの意味を見出そうとする姿勢に心を打たれた。

いずれにしても家族の関係は本当に個別かつ多様なので、何か一つの結論や回答を導くことはできないというのが実感だ。

一つ気になるのは、誰もが自分の人生では主役だが、他人の人生では脇役《わきやく》だということだ。しかし他人の人生に対しても自分が主役であるかのように振る舞う人がいないわけではない。夫婦で言えば、夫の中にそういう人がいる。それでは妻がよほどできた人でなければうまくいかない。あえて家族についての共通の解を見出そうとすれば、夫婦や親子で対話不足にならないことではないか。休みの日の夕食だけは家族全員で食卓を囲むといったルールを決めるのもいいかもしれない。

ある出来事で危機に陥り、家族もばらばらになりそうだった会社員は、家族新聞を作成して危機を乗り切ろうと工夫した。夫（自分）の会社での出来事、妻がパートの仕事場で感じていること、中学生の長女のクラブ活動での話、小学生の長男の将来の夢などを、１枚の大きな紙に学級新聞さながら、みんなで書き込むそうだ。その新聞の記事をもとに食卓を囲んだ時に各自から発表するという。家族新聞を必要としている家庭は多いのではないかと感じながら話を聞いたものだ。

第5章　童心に返る

子どもたちの小さな宇宙

NHKの「ドキュメント72時間」をご存じだろうか。一つの場所にカメラを据えて3日間、人々が行き交うさまを撮影する番組である。個人指導の英会話教室、1泊3000円のゲストハウス、24時間開店しているパン屋さん、ターミナル駅の金券ショップなど場所は様々だ。

2015年（平成27年）に放送されたのは「駄菓子屋・子どもたちの小さな宇宙」というタイトルだった。「視聴者が選ぶ今年のベスト10」にも選ばれて再放送され、2018年の正月にも再放送があったので記憶にある読者も少なくないかもしれない。

舞台は神戸の下町・兵庫区《ひょうごく》で50年以上営業を続けている駄菓子屋。現在は3代目の伊藤《いとう》由紀《ゆき》さん、通称「ねーちゃん」が店を切り盛りしている。初代の祖母は93歳で洗い物の手伝いなどをしている。2代目の母を経て現在に至っている。

10円玉を握りしめて、何を買うか考える子どもたち。小学2年生の女の子がソースせんべいを食べながら世間話。お腹《なか》がふくれたら、当たり外れがあるガムを買って「ガム当たった！」とスリルを味わうのが定番だという。4年生の男の子は、いつもここで母親の仕事が終わるのを待っている。好きな子の話で盛り上がる小学生の女の子たち。「どうして人を好きになるのか」と友達から聞かれて、「直感や」と答える女の子。

店内で喧嘩《けんか》を始めた小学生もいた。エスカレートしてきても、ねーちゃんは一切口出ししないが、いつの間にか喧嘩は終了して仲直り。みんなで近くの公園に行って一緒にボール遊びを始める。「不思議ですよね。いつももめて、それですぐ仲直りする」とねーちゃん。

ここには子だくさんのお母さんや空缶拾いのおじさんも休憩にやってくる。駄菓子屋は不思議な人間の交差点のようだ。

夕方になると近くの中学生と高校生も集まってくる。ねーちゃんと話をするのも楽しみらしい。会話をしながら表情が明るくなってくる中学生もいた。

ここでは小さなドラマが毎日繰り返されていて、大人の知らない子どもたちだけの世界があるようだ。「駄菓子屋・子どもたちの小さな宇宙」というタイトルは本当に言い得て妙だ。

そして夜になると、かつての子どもたちがここにやってくる。

数人の若い男性のグループがやってきた。小学生の時からの常連で、ある男性はここで必ず紙パックのコーヒー牛乳を飲む。昔、少年鑑別所で飲んでいたものと同じなので、当時を思い出しながらこれからは悪いことをしないよう自分を戒めているという。両親の離婚が原因で一時期は荒れたが、今は真面目に働いている。夢はと聞かれると、結婚してみんな笑顔でずーっと暮らせる家族をつくりたいと話す。

夜８時過ぎには、子どもを連れた若い母親がやってくる。これからスナックに出勤するため、子どもを実家に預ける途中で立ち寄ったという。今は子どもの将来のため昼も夜も働いているが、最近疲れ気味で「小学生の頃に戻りたい」と愚痴をこぼす。ねーちゃんは「今からなんぼでもやり直せるって」と励ます。子どもたちだけではなく、大人も過去の自分を見つめ直すかのようにこの店を訪れている。

実はこの駄菓子屋は、私が生まれて育った場所に近く、テレビに取り上げられる前から何度かこの駄菓子屋には行ったことがある。

ここで少しの間過ごしていると、小さい頃の自分を発見することができる。テレビ放映のことを近くで育った後輩に話すと、「私は一滴のお酒も飲まずに、身動き一つせずに見てしまいました。今日は、飲まずにすみそうです。ただ、眠れそうにありません……」という感想を送ってきてくれた。彼も私と同様に、場面の中に昔の自分を見つけていたのだろう。

「だれも、はじめは子どもだった」

「おとなは、だれも、はじめは子どもだった。（しかし、そのことを忘れずにいるおとなは、いくらもいない。）」とは、小説『星の王子さま』（内藤濯《ないとうあろう》訳）の序文にある言葉である。作者のアントワーヌ・ド・サン＝テグジュペリが、子どもの頃の親友であるレオン・ウェルトに捧《ささ》げた物語である。サハラ砂漠に不時着した孤独な飛行士と、「ほんとうのこと」しか知りたがらない純粋な星の王子さまとのふれあいを描いた、子ども向けと思われる話だ。

読み返してみると、登場するキツネの言葉「心で見なくちゃ、ものごとはよく見えないってことさ。かんじんなことは、目には見えないんだよ」は、著者から大人たちやこれから大人になる子どもへのメッセージのように読める。

本来人間には、いろいろなことを感じ取って豊かになれるはずの力があるのに、様々なことに心を奪われることで物事が見えなくなり、そしてやがて見ようともしなくなる。この本は、大人と子どもの2つの立場を経験していることをもっと大事にしなければならない、と警鐘を鳴らしているように思える。先ほどの「駄菓子屋・子どもたちの小さな宇宙」を見ていた時も同じような感覚にとらわれた。

50代前半の社員の研修時に、「5年後の自分」「10年後の自分」を議論するための事前課題として、経験してきた仕事の振り返りと、自らのキャリアの棚卸しをやってきてもらう。子どもの頃のスペースもあるのに、大半の人は入社した時からしか振り返らない。せいぜい高校時代、大学時代からである。

のちに紹介するように、私が取材した中で、中高年や定年後になって子どもの頃の自分を呼び戻している人たちが少なくなかった。彼らが「いい顔」をしていることが印象的だった。子どもの頃の自分と今の自分がつながると、それが一つの物語になる。この物語を持っている人は強い。そのため研修では小さい頃に好きだったことや、こだわっていたこと、場合によってはコンプレックスのあったことを再び取り込むことを勧めている。

誰もが子どもの頃を経て今に至っているのに、多くの人がそれを忘れている。特に組織で働くビジネスパーソンは、未来にも過去にもつながらず、現在だけを生きているのが特徴だ。宝物は子どもの頃に隠れている。

子どもの頃の自分が活きる

『センス・オブ・ワンダーを探して』は、昆虫少年だった生物学者の福岡伸一《ふくおかしんいち》さんと作家・エッセイストの阿川佐和子《あがわさわこ》さんが、子ども時代の出会いと感動に導かれてきたことを互いに語る対談本だ。

阿川さんは子どもの頃、児童文学作家の石井桃子《いしいももこ》さん（『クマのプーさん』などの翻訳に携わり、『ノンちゃん雲に乗る』を著した）が作った私設図書館に通っていた。彼女は石井さんが残した言葉を暗記しているという。

「子どもたちよ。子ども時代をしっかりとたのしんでください。おとなになってから、老人になってから、あなたを支えてくれるのは子ども時代の『あなた』です。」という言葉だ。

それに応じて福岡さんは、女性生物学者レイチェル・カーソンの著書『センス・オブ・ワンダー』にある「子どもたちの世界は、いつも生き生きとして新鮮で美しく、驚きと感激にみちあふれています。残念なことに、わたしたちの多くは大人になるまえに澄み切った洞察力や、美しいもの、畏敬すべきものへの直感力をにぶらせ、あるときはまったく失ってしまいます」（上遠恵子《かみとおけいこ》訳）という一節を引きながら、これは石井桃子さんが言っていることと同じだと語る。そして子ども時代にいろいろなもののオーラを浴びることがその人をずっと支えていくと福岡さんは言う。

「人生１００年時代」ということが普通に語られるようになった現在では、会社員の役割をこなすだけで事が足りる時代ではなくなった。定型的な一つのモデルだけで生涯を設計することはもはや不可能である。

60歳の定年退職者がいつまで生きるかという平均余命で見ると、男性は85歳前まで、女性は90歳近くまでになる。定年後も男性で25年、女性だと30年近くの寿命がある。もちろんこれは素晴らしいことであって、歴史上もかつてなかったことだ。ただ寿命の延びがあまりにも急激だったので、それに対する働き方、生き方が追いついていない。そのため立ち往生してしまう人もいるということだ。うまく老人になるのも難しい時代になった。

長くなった寿命に対応するには、自分一人だけではなく、ともに暮らしてきた家族、地域の仲間や学生時代の友人と協力することも必要だろう。しかし核家族になり、地域の人間関係も薄れているなかで定年後を乗り切るには、子どもの頃の自分とも肩を組みながら進むことが大切だ。

定年後は、何をやってもよく、何をやらなくてもいい。自らの個性にあった働き方、生き方をすることが大切だ。その一つの手立てとして子どもの頃の自分を呼び戻すことも大切ではないか。そうすれば退職後の一日一日を気持ちよく「いい顔」で過ごせることにもつながると私には思えるのだ。

転身者の「きっかけ」分析

私は50代に大学院に通って、中高年の会社員から転身して独立や起業した人のインタビューに没頭していた時期がある。会社員から蕎麦《そば》店や釣具店を立ち上げた人や、コンサルタント、社会保険労務士、職人などで独立した人、ボランティアなどを目的とするNPOに転じた人など、次のステップは人によって様々である。そして修士論文もこのインタビューを基に書いた。

そうしたなかで、彼らの転身に際しての「きっかけ」に興味を持った。ここでの「きっかけ」は、単なる出会い頭という意味ではなく、転身した時点からそれまでに体験した個々の行動や人との出会いを重層化した集約点として本人が意味づけをしたものである。

次のステップの可能性を探り始める人の理由や動機はそれぞれ異なる。各人の関心事や目標の明確さ、会社での立場や仕事に対する取り組みなども各人各様である。転身者は違う場所からスタートして各自が異なる次のステップに到達する。ところがその「きっかけ」にはある程度の共通項が見られる。その「きっかけ」部分を中心に解析（整理・グループ分け）をしてみた。

解析は、インタビュー対象者83人について、「会社破綻・合併」「自分の病気」「リストラされて」「定年間近」「組織内キャリアから」「阪神・淡路大震災」などの26項目から各人に該当する上位3つを選んで、統計分析ソフトウェアSPSSを利用してクラスタ分析でいくつかの類似度グループに分けた。

その中の一つのグループには、「若い頃の好きなこと、原体験から」というグループ名をつけた。その他には、「偶発的・外部事象（会社破綻・合併など）」「ＩＣ（独立業務請負人）的働き方——組織内キャリアを着実に」「会社制度・運営との関係で転身」などのグループが見られた。

この「きっかけ」を丹念に追うと、偶然の出来事も多く、そこでは価値観や評価の基準も多様である。最終的には１５０人程度に至った転身者のインタビューで感じるのは、自分に合った物差しは世の中に必ずあるということだ。もちろん定年後も同様だ。その物差しを見つけるための一つの方策が「子どもの頃の自分を呼び戻すこと」だと思っている。

以下には、当時インタビューした人々の事例を含めていくつか紹介してみたい。もちろん会社員が転身することがよいという価値観があるわけではない。中高年以降になって新たな道に踏み出した人の事例は、会社で働きながら「もう一人の自分」を発見し、また定年後に新たな物事に挑戦する際に参考になると思うからだ。

空飛ぶ自転車の夢

お笑いプロダクションの代表を勤めていた橋本さん（仮名。取材当時68歳）は、中学校を出て鉄工所に就職。24歳で労働運動に身を投じた。１０００人規模の労働組合で書記長、委員長を歴任。会社側と交渉する一方、倒産した会社の社員や解雇になった労働者の相談に乗り、彼らの権利確保に取り組んだ。

橋本さんは小さい頃から文学が好きで、小説家を夢見る一方、ラジオにかじりついて好きな講談や落語に親しんでいた。中学2年生の時に父親が亡くなってからは「いかに死ぬか」との思いがずっと頭の中にあったという。だからこそ、40歳を過ぎた頃から、定年の60歳からさらに約20年ある人生をなんとか輝かせたいと考えていたという。勉強すれば落語の台本が書けるのではないかと思い、55歳で退職。シナリオ学校の演芸台本コースに入学した。夫婦共働きで子どもも就職していたので迷いはなかった。

その学校で、新作落語を書いているグループを紹介され、プロの落語家とも知り合った。ある時、労働組合から労働基準法の改正を落語で説明してくれとの依頼を受けた。学者の話ではどうしても内容が難しくなって多くの人が寝てしまうからだ。その「労働落語」が新聞に取り上げられ、全国各地から問い合わせや依頼が相次いだ。

橋本さんがプロダクションを立ち上げたのは10年前。そこには、一緒に演じてくれる落語家や作家がいつも出入りしていた。過去の経験も活かした過労死やリストラ、子育てなどをネタにした新作落語も書いた。「人々を励ます笑いを広めたい」と語る橋本さんの笑顔は輝いていた。

55歳から小さい頃の講談や落語好きの自分を改めて取り戻した例である。それまでの労働組合で培ったスキルも存分に活かしていると感じたものだ。

自転車を開発する有限会社バイク技術研究所を立ち上げた白井健次《しらいけんじ》さん（取材当時60歳）は、小学生の頃から乗り物好き。孫悟空の雲に乗る術のように、自転車で空を飛ぶ夢をよく見たという。大学は機械工学科を卒業して、憧れの国産旅客機ＹＳ－11を開発した航空機製造会社に入社。やがてＹＳ－11の生産が終わると、上司の誘いで自動車メーカーに転職した。

それ以後、50歳過ぎまで車の開発一筋。車体の強度やブレーキ開発の仕事に取り組んだ。52歳の時、社内ベンチャー制度に自ら手を挙げて、車に積み込む折り畳み自転車を開発する会社を設立。社長として出向した。昔の同僚は「やっぱり自転車ですか」と笑いながら声をかけてきた。自分ではよく覚えていないが、酔えばいつも自転車をつくる夢を語っていたらしい。会社は３年の間に所期の目標を達成できずに撤退を余儀なくされた。しかし、その時に自転車開発に関する多くのノウハウと人脈を得た。

自動車メーカーは57歳で早期退職。自転車メーカーに転職して研究開発をするか、独立するかで迷った。出向した時に起業の難しさは身にしみていたが、結局、自分のイメージに合った自転車を開発したい気持ちを優先させて会社を立ち上げた。起業当初は厳しかったが、超軽量の折り畳み自転車を東京国際自転車展に出展したのを機に、マスコミで評判となって注文も増えた。取材当時から10年経った今も自転車開発に取り組んでいる。

白井さんと初めてお会いした時に、駅前で待っていると、手を振りながらこちらに向かって駆け足で近づいてきてくれたことを覚えている。

お話を伺っている時にもずっと楽しそうに話していたのが印象的だった。自動車メーカーでの長い会社員生活でも、自分は上司に恵まれていて働く意味に迷う「こころの定年」状態に陥った経験はなかったという。それはきっと白井さんが子どもの頃の「空飛ぶ自転車の夢」をサラリーマンになっても、会社を退職した後も忘れていなかったからだろう。

忘れかけていた夢

志村眞人《しむらまさひと》さん(取材当時51歳)は、通信会社の会社員から約1年の修業期間を経て提灯《ちょうちん》職人として独立、開業した。会社に勤めていた当時、顧客のオフィスに出向いて電話などの通信機器を設置する業務を長く担当してきたが、時代はアナログからデジタルに変換されたので従来の仕事がなくなってきた。それに伴いソフトウェア開発部門に異動した。そこで仕事に疑問を持ち始めた。自分の体や手先を使って仕事を進めるのではなくパソコンに向かう仕事は自分には向いていないと感じて憂鬱《ゆううつ》になることもあった。

そんな時、忘れかけた昔の夢を思い出した。あれは中学生の時。提灯屋の店先で見た職人の見事な手さばき。凸凹《でこぼこ》のある和紙に、江戸文字を書きつける技を目《ま》の当たりにして体が熱くなり、しばらくはその光景が頭から離れなかったそうだ。自分は提灯職人になりたかったのではなかったかと考えた。

忘れかけていた夢をかなえたいと切実に思った。浅草《あさくさ》を歩き回った末、老舗《しにせ》提灯店に飛び込み、のちに手ほどきを受ける師匠に相談した。40代半ばの頃だ。

師匠は「家族が了解するなら弟子にしてもよい」と言ってくれた。

妻は、最初は反対した。息子はまだ高校生。でも肩を落として出社する夫の後ろ姿を知っていた妻は最後には折れてくれた。

独立しても当初の年収は以前の半分程度だった。それでも仕事は楽しくて仕方がない。何より嬉しかったのは、そんな父の様子を見てか、息子が、提灯職人の仕事を「かっこいい」と言ってくれたことだという。志村さんは60歳を越えた今も、東京都板橋《いたばし》区で提灯橘屋《たちばなや》の主人として活躍されている。

繰り返しになるが、もちろん転身がすべてではない。しかし仕事に行き詰まった時や疑問を感じた時に、子どもの頃の好きだったことが自分を助けることもあるのだと志村さんの事例は物語っている。

また同様に職人に転じた事例をもう一つ紹介する。

加藤恵一《かとうけいいち》さん（取材当時56歳）は、6年前まで市役所の職員だった。高卒で就職して、市議会の速記者や図書館の建設などに携わった。役人人生は順調だった。

小さい頃から手先が器用で、竹などを使っていろいろなものを作るのが好きだったという。30歳の頃、羊羹《ようかん》が入っていた竹の容器の有効活用を考え、趣味で耳かき作りを始めた。転機が訪れたのは49歳の時。東急ハンズの「ハンズ大賞」に応募したことがきっかけだった。今まで耳かき作りは趣味だったが、出品するとなると力が入る。

作品を作り上げる1か月半の間に、イメージしたものを形にする素晴らしさを改めて発見した。そしてプロの職人になりたいという気持ちが高まった。

「初めて迎えた大きな転機、どちらに進むべきか」と自問自答した加藤さんは、審査結果が出る前に辞表を書いていた。上司や同僚は、勤めながらやればよいと説得したが、加藤さんの気持ちは固まっていた。定年まで待てば体力も気力も落ちると考えたからだ。せっかく打ち込めるものに出会ったのに、ここでやらなければ後悔すると考えた。

幸い2人の娘は社会人で住宅ローンもなく応募作も入賞。翌年、50歳で市役所を退職した。耳かき作りのお手本になる師匠や先達は誰もいない。たった一人の船出だったが、自分自身で切り拓く楽しさがあった。

加藤さんの作る耳かきはいくつかの種類があって、サヤに入った精巧な作品は、従来の耳かきのイメージを覆す。実際に使った時の心地よい感触も格別だ。私が愛知県碧南《へきなん》市の工房へ伺った時も、数組のお客さんが加藤さんの説明を聞きながらどれを選ぶかで迷っていた。お客さんに話す姿を見ていると、耳かきを作るのが楽しくて仕方がない様子が感じられた。各地の百貨店で催される職人展などに呼ばれることもあるという。取材から10年経った今も耳かき職人として活躍されている。

加藤さんの小さい頃からのものづくりの力がすごいことは当然であるが、私にとって印象的だったのはプロの職人になることを決断する際の話だ。子どもの頃からどちらかと言えば消極的で、もう一歩前に出た方がいいと言われることが多かったという。そういう自分を変えるにはこのタイミングしかないと思ったとの話だった。好きなことや得意なことだけではなく、子どもの頃にこだわっていること、コミットしていることも重要なのだと教えられた。

大人の今も子どものまま

ニュージーランド料理店の元オーナー長谷川さん（仮名。取材当時60歳）は、かつて広告会社のＣＭプランナーだった。小さい頃、テレビの海外ホームドラマで見た大きな冷蔵庫や広い庭に驚いた。長谷川さんはその頃から海外での生活に憧れていて海外移住が夢だった。

仕事で海外に出た時はいつも「この国は暮らしやすいだろうか」と意識して見ていた。20か国以上訪れた末、長谷川さんにとって申し分のない国に出会った。それがニュージーランドだった。

長谷川さんは定年後では遅いと考えた。50歳で移住する5か年計画を立てた。壁に貼《は》った大きな紙に、1か月ごとに線を引いた計画表を作り、家族の年齢、貯蓄額などを書き込んだ。結局、49歳で退社。現地に3ヘクタールの牧場を買い、家族4人で移住した。子どもの就職や教育の関係で2年半ほどで日本に舞い戻ることになったが、帰国後はニュージーランド料理店を開業。軌道に乗せた店は7年ほどで長男夫婦に譲り、再び妻と二人で再移住した。

そして当初はニュージーランドに定住する予定だったが、今は春と秋は日本で過ごし、孫の顔も見る。「状況に応じてやっていけば、それでいいと思っているんです」。相変わらずの自然体の笑顔が、そこにあった。

長谷川さんはきめ細かく計画を立てる半面、いつも自然体だ。会社員時代も現場が好きで出世にはこだわらず、上司から管理職になるのを勧められた時は、代わりの人を推薦したという。「文句を言われないレベルで仕事をやり、あとは自分のやりたいことをやっていた」という。でもそれは、口で言うほど簡単なことではない。きっと長谷川さんは、会社との距離のとり方が絶妙だったのだろう。それを支えているのが、自分自身を大切にする姿勢であり、子どもの頃からの海外生活への憧れであるように思えたのである。

また、ある日のカルチャー教室で迫力ある口笛を奏でるのは、美空《みそら》ひばりさんの「愛燦《あいさん》燦《さん》」。みんなが聴き入っていた。「楽しい口笛講座」の講師を務めるプロの口笛奏者もくまさあきさん（取材当時65歳）だ。参加していたのは、８〜74歳の老若男女14人。親子連れもいれば、静岡から新幹線で教室のある大阪までやってきた74歳の男性もいた。もくさんが自ら開発した独自のやり方でレッスンが続く。

50歳目前までスーパーマーケットに勤めていた。30年間会社にどっぷりつかってきたが、「この人生、もう一回自分で何かやりたい」と思って区切りをつけた。会社の送別会や歓迎会でいつも披露していた口笛を使うことを考えた。

口笛のプロになったことには、２つのきっかけがあった。40代半ば、口笛奏者の安田潤《やすだじゅん》さんの生演奏を聴いたことが一つ。「こういう生き方もあるのか」と、安田さんのレコードを買い込み、練習を始めた。また、米国で口笛コンクールがあると聞くと１９９２年（平成４年）に単身渡米。飛び入り参加で「上を向いて歩こう」を演奏し、喝采《かっさい》を浴びたのも大きかった。

退職後は、広告の仕事を請け負う傍ら、口笛を続けた。老人ホームや保育所で、手弁当で演奏。２０００年（平成12年）には米国であった世界大会にも出場して入賞した。

その後は、「くちぶえ・みゅ〜じしゃん」一本で行くと覚悟を決め、リサイタルを重ねた。「口笛を世界に広めたい」との想いしか頭にはないという。もくさんの持ち味は軽いフットワークである。面白いと思えば米国でも行く。「ダメでもともとの『ダメモト主義』ですわ」と笑う。それが新しい舞台を切り拓いているのだ。76歳の今も現役だ。

カルチャーセンターでの講座の後で、喫茶店でもくさんのお話を聞いた時に、話の面白さとフットワークの軽さに驚いた。子どもの頃を取り戻しているというよりも、今も子どものままのようだった。

働かないオジサン

私は、かつて神戸一の歓楽地だった新開地に近い商店街で小さい頃を過ごした。東京の浅草、大阪の新世界とともに並び称された街だった。そこでは映画評論家の淀川長治《よどがわながはる》さんも見て回った映画館や、私をいつもワクワクさせてくれたお笑いの神戸松竹座のほか、多くの飲食店も軒を連ねていた。

実家は薬局で、父母と妹の4人で暮らしていた。周りの友達も酒屋、八百屋、眼鏡屋など「屋」のつく家の子どもが多く、銀行や役人の子はいなかった。

その商店街では、私が散髪をすると必ず「兄ちゃん、男前になったなあ」と言ってくれる八百屋のおばさんなど、お母ちゃんの方が働き者。お父ちゃんは働いているのか遊んでいるのか分からないオジサンが多かった。そういうことは小学生の子どもでも、だいたいは分かるものだ。

今でも記憶にあるのは、いつも椅子に座って煙草《たばこ》ばかり吸っていた貸本屋のオジサンだ。「東京オリンピックで、アメリカのボブ・ヘイズ選手が、人類で初めて100メートルを10秒を切って走りそうやで」と小学生の私が意気込んで言うと、「人間が、100メートルを1秒速く走ると、それでなんかなるのんか？」と難しい宿題を出してくれる。

店の前に座って、一日中道行く人の姿ばかりを眺めていたオジサンもいた。毎日、同じ場所に座っているので、子ども心にもなぜ働かないのだろうと不思議に思った記憶がある。

また歓楽地では、お金が街を回っているので、全く働かないですむ人もいた。私の実家の前にある喫茶店で、「車検の時、タイヤに傷さえつけておくと、後でうまくごねれば、車検代はタダになるのや」など、詐欺まがいのことばっかり言っているが、近所の恵まれない家庭にすごく肩入れしているオジサン。私が大学の法学部に入学すると、「すぐに弁護士になったらあかんでぇ。まず、検事になるんや、検事に。検事を経験して顔を売ってから弁護士にならんとあかんでぇ」と繰り返す元親分。いつも街でぶらぶらしていて、子どもたちによく映画券をくれた遊び人の兄ちゃんもいた。「寅《とら》さん」を関西弁にして、顔にお好み焼きソースを塗ったかのような雰囲気の人が多くいた。

そのため、会社に入社した当初は「なぜ、みんながこんなに一生懸命働くのだろう」と不思議でならなかった。これもすぐに慣れて順調な会社員生活を続けていた。

ところが私は、阪神・淡路大震災に遭遇した40歳の時に、会社を辞めて生まれ育った土地に戻りたいと強く思った。また40代後半に会社を休職して落ち込んでいた時に、小さい頃過ごした商店街の面白いオジサンたちが現れた。

その時には周りの会社員よりも彼らの方が圧倒的に「いい顔」をしていたことに気がついた。収入や財産は少なくて、将来の生活も安定していなかったにもかかわらずだ。人の表情が輝いたり、魅力的になるのは、収入や相対的な地位とは必ずしも相関しないのだろう。

勤め人は、会社や上司が求める「あるべき姿」に自分を合わせにいこうとするが、子どもの頃の私の周りの商店主は、自分の足で立っている強さがあった。当時の商店主たちは、サラリーマンのことを「月給取り」と呼んでいたが、少し揶揄《やゆ》するニュアンスもあった。こうした周囲の人からの小さい頃の刷り込みは、私には大きな影響を与えているように思えるのだ。

「自分は芸人になろう」

50歳の時に長期の休職から会社に復帰した時には、かつてのような支社長や担当部長といった肩書はなくなり、平社員になった。何をしていいのか分からなくなり、いかに自分が会社にぶら下がっていたかを痛感させられた。その時に私の脳裏に浮かんだのは、子どもの頃のある光景だった。

神戸松竹座のきらびやかな舞台の上で、次々と出演する芸人さんが、漫才、コント、マジック、人形腹話術、物真似《ものまね》などの芸を披露して満員のお客さんを笑いの渦に巻き込む姿だ。「こんなにお客さんを喜ばすことができるなんてすごいなあ」といつも我を忘れて毎回の出し物を見ていた。当時の私にとってそこは夢の世界だった。

芸人さんに対する憧れは大人になってからも続いていた。思い出すのは、名古屋での新入社員時代、支社の近くにあった劇場で横山《よこやま》ノックさんや上岡龍太郎《かみおかりゅうたろう》さんが出演する演芸会が催された時のことだ。

前座で登場した大空《おおぞら》テントさんが漫談を終えた後に、舞台の上に師匠の上岡さんが現われてテントさんと二人で話し出した。その時に上岡さんは、テントさんが確定申告をするために税務署に行ったところ、あまりに収入が少なかったので署員から「ここではなくて民生委員のところに行きなさい」と言われた話を暴露して会場は爆笑になった。

私も観客席で大笑いしていた。しかし一方ではテントさんが真剣に漫談に取り組む姿を見て、「かっこいいなあ、羨ましいなあ」と思ったことを今でも鮮明に覚えている。

そういうこともあって、50歳から「自分は芸人になろう」と思い立った。もちろんお笑いなどできる柄ではないので、自分の力で何か人に喜んでもらえることをやろうと思ったのだ。65頁にあるように、通った中学校の名前と育った地域から芸名を名乗った。

元の会社の同僚や取引先、取材に来てくれた記者たちは、私が会社の仕事と並行して取り組んでいた著述活動を変わった行動として理解していた。

ところが、私の中学や高校時代の友人に執筆のことを話すと、違和感なく受け取ってくれる人がいた。「お前は昔から人の話を聞いて、それを別の人に面白く伝えるのが得意だったからなあ」と同窓会で言われたことがある。もし友人の話が正しいとしたら、私は昔と何も変わらないことを今もやっているだけということになる。

私は定年になった時の挨拶状には「どこの組織にも、学校にも通わない無所属の時間を持つのは、5歳までさかのぼることになります。これを機会に、子どもじみたことをいろいろやってみるつもりです」と書いた。まだまだ私の子ども時代には宝の山が眠っているはずだ。

地域活動や学び直しにも

もちろん、子どもの頃の自分を呼び戻すことは、仕事や定年後の働き方だけに効果があるだけではない。地域活動で活躍している人の「自分に向いたことをやることが大切だ。そうでなければ続かない」という発言を前述したが、それも子どもの頃のことと結びついていると感じることがある。たとえば都市部にある農園で活動している人は、実家が農業で小さい時からコメ作りや野菜作りが身近であった人が多い。土に触れるのが昔を思い出して心地よいという人もいた。私などは都会の真ん中で育ったのでそういう感覚は理解できないところがある。

また若い頃に興味を持った対象にもう一度取り組む人もいる。ある新聞には、定年退職後などに大学院に入り研究活動を始めるシニアが増えているという記事が載っている。

百貨店を55歳で早期退職し、学士入学を経て大学院に入学した人は、美術史学コース修士課程で論文をまとめている。大学時代は就職を考えて英文学を専攻したが、美術史の研究をやりたかったという思いがずっとあったという。

現在は、江戸時代の本を読み解いて、崩し字なども学び、この書物を誰がどのように編集したのかを徹底的に調べているそうだ。また「一度は諦めた大学時代の研究活動を晩年で再開したいと思った」と語る人も紹介されている。73歳で経営工学を研究するため大学院の博士後期課程に入学した医師だ。

私の友人にも、長い海外勤務を終えて日本に戻り、定年退職するか雇用延長を選択するか迷った時期に体の不調に見舞われて、「とにかくもう好きなことをやろう」と決意して大学院で歴史を学んでいる人もいる。深くは話さなかったが、きっと子どもの頃に積み残したことを学び直しているのだろう。

子どもの頃と現在を結びつけることができれば、今までの人生全体を物語にすることができる。その際には周囲からどう評価されるとか、脚光を浴びるとかではなく、ささやかでも自分はこれに賭けたいという心持ちがポイントだ。現在の一日一日を大切に過ごすことにもつながる。

これらの子どもの頃の体験は、各個人の心の奥底にある動機と結びついているが、若い頃や組織で順調に仕事をしている時にはなかなか自覚するのは難しい。第7章で述べるように挫折《ざせつ》や不遇の体験がきっかけになることが少なくない。

そして過去の自分と現在の自分との間に物語ができれば、自分は誰にとっても交換不可能で、比較不能な存在だと確認することができる。組織で働く多くの人は、心の底では取り替え可能な自分に対して納得していないので、その効果は大きい。

また、郷土愛というか、地元に対する愛着も子どもの頃を呼び戻すことと同様な機能を持っていると思われる。私は定年前の最後の長期休暇で船旅をしたことがある。奄美大島《あまみおおしま》に寄港した時に心のこもった出迎えと見送りに接した。見送りの時には、「みなさんの旅のご無事を祈って万歳、万歳!」と連呼してくれた。乗客はデッキで感動していたが、船が港を離れる時に「奄美大島、万歳、万歳」を全員が唱和した時には涙を流していた乗客も多かった。

素朴な郷土愛に揺さぶられたのだ。

これらの自分なりの物語が、その人にとってかけがえのないものであり、同時に他の人にも意味を持つほど揺らがなくなる。この物語は、スティーブ・ジョブズ（アップルの共同設立者）やイチロー選手のような傑出した人物でなくても語ることができるものだ。

同窓会の活用も

今まで紹介してきた通り、子ども時代の興味・関心は各自異なっているので、どういう自分を取り戻すかは各人各様である。取材で話を聞いていると、一つの手立ては同窓会などで子どもの頃の知り合いに再会することだろう。頭だけで考えていてはらちが明かない。

50代になって同窓会が増えてくるという声は多い。会社での今後の役職や立場も見通せるようになって、定年が視野に入ってくるからだろう。親の介護や仕事に忙しい人も少なくないが、40代に比べると時間的な余裕ができる人は多い。

高校の同窓会の幹事をしたことが定年後の過ごし方のきっかけになった人もいた。中条さん（仮名）はある日、先輩から電話で「自分は体調がよくないので、すまないが同窓会の幹事を代わりに引き受けてくれないか」と依頼された。いきなりの話だったので迷ったまま、いったんは電話を切った。ところが先輩はその3週間後に亡くなった。ガンだったそうだ。

もちろん彼は幹事を引き受けた。そのことが新しい道を拓く。

大阪に出てきている同窓会の対象メンバーは数百人いるので、連絡だけでも大変だ。しかし最近は、SNS(ソーシャル・ネットワーキング・サービス)があれば比較的簡単に案内できる。

中条さんは、それまでネットやSNSなど使っていなかったが、同窓会の幹事になって活用を始めた。というよりもやらざるを得なくなった。従来は関西では100人ほどの出席者だったが、女性陣の協力も得て努力すると、250人ほど集めることができるようになったという。

その後中条さんは、Facebook《フェイスブック》を見ているうちに写真に興味を持ち始めて、大阪空港の近くで写真を撮り始めた。着陸する飛行機の迫力ある写真を撮れるスポットがあって、自宅から自転車で行ける場所だという。写真の趣味ができたので、SNSにアップして周りの人に見てもらうことで楽しみもぐんと広がったという。「自分たちの団塊の世代では、SNSを使いこなせるかどうかは人とのつながりの点では非常に大きい」と話す。そして中条さんは現在、同窓会長を務めている。

同窓会のことを取材していると、同窓会の仕事を代行する会社や個人事業主の存在を知った。同窓会ジャパン代表の村井《むらい》昭一《しょういち》さん(52歳)にいろいろと話を聞いてみた。村井さんは２０１０年（平成22年）から、この同窓会の代行の仕事を始め、４００件を超える同窓会の運営を受託した。

彼によると、一番多いのは還暦同窓会だという。やはり還暦の60歳というのは大きな区切りなのだ。また余談ではあるが、同じ大阪でも南部の祭りが盛んな地域は同窓会の開催も頻繁で集まりもよい。また、55歳までなら立食パーティは可能だが、それ以上の年齢になると席に座る形でないともたないという。

村井さんは同窓会の参加者が楽しく語り合っている姿を横から見ていると、みんな昔の自分に戻っていることがよく分かるという。あっという間に時間が過ぎるのも特徴で、会場自体が異次元の空間になっていて、中学や高校の教室や校庭のように思えることがあるらしい。単なる飲み会ではないことを実感するそうだ。

村井さんは転職して今の仕事に就いたが、参加者に喜んでもらえるのが同窓会に携わる醍醐味だという。70代後半の元高校の国語の先生が「最近体調がすぐれないので、亡くなる前にみんなに会えてよかった」と話したのを聞いた時にはぐっときたという。

もちろん、誰もが子どもの頃の友人と会いたい人ばかりではないだろう。実際に同窓会に来るメンバーはだいたい決まっている。新たな友人を探すくらいの軽い気持ちで参加してみるのもいいだろう。

村井さんの話では、同窓会は過去に親しくなかった人と仲よくなれることも少なくないという。また同窓会が縁で一緒に仕事を始めた例もあるそうだ。

小学校の校門に集合

私が話を聞いた先輩によると、30代で起業をしてバリバリやっていた友人が、バブル景気の崩壊で会社が左前になり、大きな借金を抱えたうえに、家族とも別れてぼろぼろになった。しかし生まれた故郷に戻り、昔の友人たちと再び交流するなかで元気を取り戻し、同級生と再婚して、昔の仲間と音楽活動をしているという。私が知っている人の中でも、伴侶《はんりょ》を亡くしたのち、同級生同士で結婚した例がある。

高校と中学の同級生を誘ってシャッター商店街になっている一部を借り、活性化を図るためにいろいろなイベントを実施したり、専門家を招いてよろず相談を行ったりしている例もある。

体調が悪そうな同級生の男性を見て、「うちの旦那《だんな》は放り出すことはできても、○○君だけは見捨てられへん」と語る女性もいた。もちろん夫も放り出すことはできないのだろうが、小さい頃の友人を突き放すと自分を見捨てることにつながることが分かっているのではないか。

各自の連絡先を調べて同窓会を開催するのは大変なので、私がやってみたのは、とにかく知っているメンバーで集まってみるというやり方だ。「土曜日の夕方5時に小学校の校門前に集合」とだけ決めて連絡すると、小学6年の時に同じクラスだった6人が集まった。50年ぶりでも何人かはSNSでつながっているのだ。私は最後に到着したが、夕暮れの中に浮かぶシルエットを遠くから見ているだけで、だいたい誰かが分かった。

面白いことに、校門のところでワイワイ話していると、近くに住んでいる同級生の女性がたまたま買い物帰りに私たちに気がついて話の輪に加わった。近くに住んでいる友人は、長く住んでいるのに今までは全く出会うことがなかった、と驚いていた。

6人で校区を歩きながら小学校の前にあったソロバン塾や駄菓子屋の思い出を語り合い、当時のそれぞれの家に行ってみた。そうすると家の前で犬に吠えられたことを思い出すから面白いものだ。校庭も一緒に遊んだ空き地も各自の家も、当時よりとても小さく見えるのはなぜだろう。

それからみんなで一緒に食事に行った。それぞれの親や兄弟のことも互いに覚えていて、いかに当時は開けっぴろげで付き合っていたかと驚いた。また先生や友達の記憶もどんどん蘇《よみがえ》ってくるから面白い。当時はそんなに親しくなかった友人のこともすっと理解できるのが不思議なところだ。大きなエネルギーをもらったのは言うまでもない。

なぜこんなにスムーズに理解し合えるのかと考えてみると、年齢とともにいろいろな役割を身につけ、知恵も深まっているように思えるが、本当は何も変わっていないのではないかと感じた。そのかさぶたみたいなものを剝《は》いでいくと、子どもの頃の素の顔が出てくる。「おとなは、だれも、はじめは子どもだった。(しかし、そのことを忘れずにいるおとなは、いくらもいない。)」という『星の王子さま』のお話は、会社の役職や肩書だけにこだわってはいけないという意味かもしれない。

家族や地域という共同体は弱くなっているなかで、その代替機能を担っていた会社から離れた時には、「子どもの頃の自分」が重要な居場所の一つとなると言ってもいいのではないだろうか。

「もうここまで来れば、面白くないことはやらずに、昔の友人と腹から笑いながら語り合える場があるのが一番いい」という友人もいる。私も同感なのである。

若い人の役に立つ

数年前に地方に出張して数多くの小学校や中学校を回って先生方にグループ保険の案内をしていた時期があった。職員室はもちろん大人の世界であるが、小学校の教室の横を通るとなにか昔と変わっていない雰囲気を感じることができた。その時に「小学校のクラスの中に入って勉強できたらなあ」と何度か思った。

そのことを同僚に話すと、『気分は小学生——百石《ももいし》小学校四年竹組留学記』という本があることを紹介された。中年の教育評論家のオジサンが志願して青森県の小学４年生の教室に留学した体験記である。

著者の斎藤次郎《さいとうじろう》氏（ジロちゃん）と、担任の女性の先生と37人のクラスメートとの日々がイキイキと描かれている。

登校初日の跳び箱の時には、「あのね、ジロちゃん、もっと前に手をついた方がいいよ」とアドバイスしてくれる子、「メガネはずさないとあぶないよ」と気づかってくれる子もいた。分度器を忘れてきた著者に「ジロちゃん、二つあるから使って下さい」と貸してくれる男の子もいる。旅館に泊まっていた著者の下宿に、竹組の友達がやってきてみんなと遊ぶ。思わず微笑《ほほえ》んでしまう話が満載だ。この本を読むと、子どもたちの優しさや純粋さに胸を打たれる。

定年退職すると、同じ年配の人同士で付き合うことが多い。会社は若い人と一緒に働き、話ができる場だったと分かったという人もいた。今までは子どもの頃の自分を呼び戻すことを中心に述べてきたが、リアルに若い人や子どもたちとやり取りできる機会を持つことは大事だと感じている。

取材の中で定年退職後にイキイキしている人は1割5分くらいと語った、信頼できる先輩がいた。彼に、その元気な1割5分はどういう人なのかと聞いた時に、彼は、在職中に転身して大学などで教えている人、出向先から若い人の面倒を見る組織の理事に就任している人、学生時代に取り組んだ楽器の演奏を現役の後輩と一緒にやっている人などを挙げた。

彼の話からは、若い人に何かを与えている、若い人に対して何か役立つ役割を持っている、子どもにスポーツや技能を教えていることは大事だと言えそうだ。128〜131頁の「高槻つばめ学習会」の取り組みもその一つだろう。

第6章　魅力的な先達に学ぶ

向こうから呼んでくれる？

私が十数年ほど前、キャリアコンサルタントの資格を取得するために手に取ったテキストには、「自分自身を洞察して『自己理解（自己分析）』を行い、職業情報を把握する『仕事理解』を経て、そして『意思決定』する」と書いてあった。計画的に、また理性的に職業選択ができるのだと、当初は大いに納得したものだった。

ところが会社員から転身した人のインタビューを始めると、そういうプロセスをたどらないことがすぐに分かった。大半の人が計画的な意思決定ではなく、人との偶然の出会いなどによって次のステップが見えてくるのである。自分で探すというよりも、むしろ向こうから呼んでもらうと思える場面にたびたび接する。そう考えてみると、職業（天職）は英語では

「コーリング（calling）」である。

これは定年前でも定年後でも、また仕事だけではなくて、ボランティアや地域活動、学び直しなど、新たなステップに踏み出す場合に共通している。定年退職者が新たな職に就く際に、人からの紹介で決まる例が少なくないのもその表れの一つだ。とても興味ある事例に遭遇したことがある。

元は運輸関係の会社に勤めていた藤村さん（仮名）は40歳を越えて退職した。北海道出身で大学卒業後、都内で総務関係の仕事を中心にキャリアを積んだ。しかし満員電車での長時間通勤や、夜遅くまで働くことに見切りをつけて自分で何かをやりたいと考えた。会社の上司や同僚は、退社の申し出に驚いて引き止めた。社内結婚した妻も反対したが、彼の決意は変わらなかった。

藤村さんは辞表を書いた時には次に何をするかは全く白紙だった。退職後に、教師、ペンション経営、農業など世の中のありとあらゆる仕事をノートに書き込み、いろいろな職業の人に実際に会って話を聞いた。しかしすぐに取り組めることはなく、自らの非力さを思い知った。

ところが半年後、たまたま食卓で昼食時にテレビを見ていると、ハム・ソーセージ店の主人が出演していた。藤村さんはその画面になぜか釘付《くぎづ》けになった。興味が湧いたのでテレビに出ていた店主に電話でアポを取った。

その店主に会ってみると、彼も脱サラで「本気でやる人があれば技術を教えるつもりだ」という。藤村さんは「この仕事ならやっていけそうだ」と直感し、開業に向けて9か月の間必死で彼の教えを乞《こ》うた。

開店時から予想以上に反響があり、当初から会社員当時と変わらない収入を確保することができたそうだ。私が取材に伺ったのは開業して15年のタイミングだったが、退職に反対していた妻と一緒に店舗を切り盛りしていた。

うまくいったポイントを彼に聞くと、ケーキ屋やパン屋と違い、取り組む人が少ない隙間《すきま》産業だったからと語る。もちろん、あらゆる仕事を書き込んだノートにはハム・ソーセージ店はなかった。また、仕入れから、販売、店の立地、銀行との関係、妻の協力など、すべての条件が揃《そろ》わないとうまくいかないと語っていた。当時は経済状態もよかったという。そのため藤村さんは安易に独立を目指すべきではないと付け加えた。

どのような仕事が世の中に存在していて、自分にとっての適職は何か、そのために自分は何ができるのかを、いくら頭で考えても答えは出ない。自分にあった仕事がどこかに転がっているのではないからである。だから「好きなことを仕事にする」ということがよく喧伝《けんでん》されているが、それだけではうまくいかないというのが私の実感だ。頭で考えていることと行動との間には大きな乖離《かいり》があるからだ。これは定年後にこれからどうするかという場面でも同様である。

藤村さんの場合は、いろいろな人に真摯に話を聞きまくったことで暗黙のうちに自らのロールモデルの基準ができていたので、テレビに登場した店主を見出すことができたとも言える。

就活の本を書くために、ある大学のゼミ生を取材したことがある。就活を始める前に志望していた業界や会社にすんなり内定が決まった学生は、二十数人中1人だけだった。各学生が試行錯誤を繰り返しながら、大学の先輩や企業の人事担当者などとの出会いを通じて働く会社が決まったのである。

これらのことを外から観察していると、自分の能力を高めたり、個性を発揮したりといったことではなく、藤村さんも就活生も、何かに導かれたのだと思えてくるから不思議だ。

「この人みたいになりたいな」

定年後、会社を離れると、ふんだんにある自由な時間の中で、何をしてよいのか分からなくて、立ち往生する人も少なくない。30年、40年も会社勤めをしてきた人では、悠々自適に時間を過ごせる人は少数派だと言っていいだろう。私も晴耕雨読的な生活はできないタイプである。それでは、どうすればいいのだろうか。

漫画家の西原理恵子《さいばらりえこ》さんは『女の子が生きていくときに、覚えていてほしいこと』の中で、「やりたいことが、なかなか見つからない人は、まずは、好きな人を見つけることから始めてみたら、いいと思う。面白そうな先輩とかね。『この人みたいになりたいな』と思える人を、見つける。／そこからは引き算ですよ。／その人－自分＝足りないもの、がわかりますよね」と語っている。

またサッカーの三浦知良氏は、新聞の連載コラムで「（元ブラジル代表の）リベリーノの足技、木村和司《きむらかずし》さんのドリブルをこの目で目撃した時の衝撃はどんな指導よりも雄弁だった」と語っている（『日本経済新聞』２０１５年５月８日）。やはり本当にものが伝わる時には人を介さないといけないのだろう。実際に活動している人の姿から学ぶことが一番だと思えるのである。

２００３年（平成15年）の元日、家族と泊まりがけで京都の八坂《やさか》神社に初詣《はつもうで》に行き、戻ったホテルのロビーで備え付けの新聞を開くと、「元気のお年玉」という記事が私の目に飛び込んできた。日本工業新聞大阪本社の経済部長から、月刊紙『日本一明るい経済新聞』の、たった一人の記者兼編集長に転身した竹原信夫《たけはらのぶお》さん（当時54歳）が紹介されていたのである。

日本工業新聞社に在籍していた竹原さんが、東京本社経済部長への転勤内示を受け取ったのは52歳の時だった。栄転だったにもかかわらず戸惑いを隠せなかった。長く大阪で培った記者としてのネットワークを失うのは辛《つら》い。それに、一人で暮らしている母の世話も考えると転勤は断りたい。でもそれは長年自分を育ててくれた会社の命令に背くことになる。辞めることも頭に浮かぶが、自宅のローンも残っている。迷っていた時に、妻が声をかけた。「辞めてもいいよ」。結果的には内示の2日後に辞表を書いた。その前夜は一睡もできなかったという。

竹原さんの「頑張っている中小企業を応援したい」という社会貢献の思い、迷った末に書いた辞表、見守る家族との対話。その記事の一つ一つが私の心にしみた。また、なぜ内示の2日後に思い切って退職できたのか不思議でもあった。

当時の私は48歳。本社の重要ポストに移った直後に会社を数か月間休んでいた。今から考えると、半分は自ら仕事を投げ出したとも言えるし、残りの半分は、もう仕事を続けることができない状況だった。病院に行くと「うつ状態」という診断が出た。

その後、体調が回復して職場に復帰したが、いざ自由な時間ができると自分が何をしていいのか全く分からなくなった。

なんとか気分を変えたいと思って出かけた京都への家族旅行でこの記事に出会った。「自分の求めていることのヒントがこの記事にあるのではないか」。先が見えない迷いの中で、紙面の竹原さんの「いい顔」が一筋の光明のように感じられて、しばらく頭から離れなかった。

魅力ある人に重ね合わせる

その新聞を読んだことが契機になって、会社員から異なる仕事に転身した人に話を聞き始めた。専門商社の監査役から研修会社を立ち上げた人、鉄鋼会社の社員から蕎麦打ち職人になった人、放送会社の記者からプロの落語家になった人……。収入は減っても彼らが「いい顔」で働いている姿が魅力的だった。もちろん竹原さんにも話を伺った。

お世話になった人は１５０人を超えた。彼らの生き方と自分とを何度も何度も重ね合わせる作業を通して、自分が何をすればいいかが少しずつ見えてきた。彼らの話を咀嚼《そしゃく》しながら、以前から興味を持っていた個人と組織の関係をテーマにすることが頭に浮かんだ。

そこで、話を聞いた人の体験談を題材に文章を書き、発信することを始めた。会社員は人数も多く、一人一人は当然ながら喜びも悲しみも体感しながら働いて生活をしている。ところが、そこに焦点を当てた著作物やコンテンツはあまりないと思えたので、これなら自分の旬の体験を活かして何か役に立つことができるかもしれないと考えた。

「会社を辞めるか、残るか」の二者択一の選択を考えていたが、「会社員として働く一方で、芸人（モノ書き）として精進する」第三の道を目指した。第2章で紹介した「もう一人の自分」を目指したのである。

同じ会社員である彼らの転身のプロセスに、何度も自分を重ね合わせてみて、ヒントをもらった。49頁で紹介した、スノーボードのインストラクターになったことが自らを切り換えるきっかけとなった40代男性も、会社員や公務員、教員などの傍らインストラクターをしている仲間からいろいろと学んだという。

何か気になる、羨ましい、魅力的だ、このようになりたい、と思う人に近寄り、時間と空間を共有しながら、その人と自分とを重ね合わせる。あるセミナーで、この話をした時に若い人から「パクるのですね」と質問があったが、相手から何かを取り出すというよりも、あくまでも自分と重ね合わせて、相手との間を何回も行き来する往復運動が重要なのである。先ほどの西原さんの言葉では、「その人−自分＝足りないもの」という等式になる。

私の場合は、彼らの転身した経緯の話を参考にはしたが、彼らのように仕事を変えようとまでは思わなかった。実際にも私は会社を辞めずに定年まで勤めた。

ここで大切なことは、そのロールモデルにする人のすべてを参考にする必要はないことだ。「あの人のあそこは私と違うけれど、あの部分は大いに参考になる」といった相手との重ね合わせ自体が意味を持つのだ。こうすれば「私と違う」部分も自分の肥やしになる。それを

「あの人はお金があるから」「あの人の真似は誰でもできることじゃない」といった、自分ができない理由を探すようになると、次のステップは見えづらくなる。変化も成長もできなくなってしまうのだ。

もちろん一人一人は出発点も行き先も異なっている。しかし一方では、多くの人は、似たような環境であれば似たような行動をとりやすい。また、やりたいことや好きなことを自由に探せばいいと言われるとかえって難しい。自分の前に先達がいると方針を決めやすく、行動にも移しやすい。

また、この重ね合わせる作業を続けると、相手から思わぬ手助けを得ることもある。

先ほどのスノーボードのインストラクター資格を取った人は、ある市役所の公務員にいろいろ励まされたり、手を差し伸べてもらったという。彼が資格を取得する努力を続けるかどうかで悩んでいた時には、「このまま諦めちゃっていいんですか。元のままの自分でいいのですか？」という励ましのメールを昼休みに受け取ったこともあるそうだ。私の場合は、転身者から執筆のヒントをもらったことを数え上げればもうキリがない。取材する新たな人を紹介してもらうこともあった。彼は、なぜその公務員が自分に対してあれほど支援してくれたか分からないと言っていた。

おそらく彼を支援した公務員も私を応援してくれた人たちも、誰かに助けられた経験があるからだろう。だから目の前に昔の自分に似た人が現れれば、自然と手を差し伸べてしまうのではないかと思っている。

自分が真剣に相手に重ね合わせようとすれば、その姿勢は相手にも伝わる。反応もビビッドに返ってくる。一方でうつろに叩《たた》けば、うつろにしか返ってこない。ここも大切なポイントである。

「手の届く人」が大切

以前、BSテレビの報道番組が中高年の働き方を取り上げた時にゲストで出演したことがある。生放送だったので、CMの間にディレクターに案内されてスタジオに入った。レギュラーのキャスター、アナウンサー、コメンテーターの3人と私というメンバーだった。

おそらく芸人さんや個性ある人物であれば、自分をどのようにアピールするか、何を強調するかを中心に考えただろう。

しかし私が初めに取り組んだのは、3人との距離をどう測るかで、3人が作り出している雰囲気をまず必死で読み取ろうとしていた。その時、「やはり自分はサラリーマンだなあ」と痛感した。慣れると若干は違ってくるかもしれないが、身についた空気を読もうとする姿勢は変えられない。

私は会社員全体から見れば、個性を発揮したい部類に入るのは間違いない。それでもベンチャー企業の経営者や芸人さんと比べれば、そもそもの立ち位置が異なる。使う「筋肉」が違うと言った方がいいかもしれない。

若手社員から相談を受けていると、自分が憧れる人に近づきたいという気持ちを持っている人は少なくない。「スティーブ・ジョブズ氏を尊敬しています」「ＩＴ企業社長の○○氏のようになりたい」「ネット生命社長の××氏に憧れます」といった発言を聞くこともある。

会社員がベンチャー企業の創業者などを目標にすると、自分に合う本当の道が別にあるものと思い込み、日常の職場に充足感が持てなくなる恐れがある。一緒に働く仲間からの信頼を失うことにもつながりかねない。

そもそも会社員はスティーブ・ジョブズにはなれない。

かつて人事部で採用責任者を務めた経験から言うと、ジョブズが面接にやってきても採用できない。なぜなら、突出した能力を持つ個性ある人は、組織の一員として上司や同僚と一緒にやっていけるという判断ができないため見送らざるを得ないからだ。魅力的な人物であるが採用できなかった学生が、私にも数人はいる。またそういう人材は、自分でもこういう組織では働けないと感じて途中で来なくなる。

会社員として毎日出社して働くことができる人は、スティーブ・ジョブズになるのは無理だ。身もふたもないことを言えば、天性の才能がなく、飛び抜けた個性もないからこそ入社して働き続けることができるのである。

しかし、仲間として一緒にやっていけそうだと会社側から評価されたから採用になったので、その評価された側面を伸ばすという視点を忘れてはいけない。

「魅力ある個性や突出した能力と、幸福な仕事人生とは、必ずしも相関関係にはない。ひょっとすると君の方が、スティーブ・ジョブズよりもいいポジションにいるのかもしれない」と若手社員に話すことがある。

ロールモデルを探すのであれば、自分の境遇や才能から見て手が届く範囲の人を対象にすべきだ。定年退職後の生き方やあり方については、過去の先輩や定年退職後の人生を過ごしている人たちから学ぶことだ。

ただし矛盾した言い方になるが、自分の能力を高めることを目指す場合には、超一流の人のレベルに触れることが大切だ。認知科学、言語心理学、発達心理学を専攻する慶應義塾大学環境情報学部教授の今井《いまい》むつみ氏は、その分野の超一流の人のパフォーマンスがどのようなものなのかを理解して、今の自分がどのくらいのレベルにあって超一流の人たちとどのくらい隔たりがあるか、そしてその隔たりを埋めるために何をしたらよいのかを具体的にイメージすることを説いている（『学びとは何か』）。具体例として、将棋の棋士の羽生善治《はぶよしはる》氏などを例に挙げている。自分の持つ思い込みをどのように修正するかが大切だからだろう。

私も著述活動を始めた頃から、日本ペンクラブの講演会などで一流の小説家やノンフィクション作家の講演を聞きまくったことがある。その時のことを考えると、今井氏の主張はもっともだと思うのである。

歩いた道筋に留意

このように手の届く魅力ある先達の足跡を追う作業がことのほか重要である。その人と自分とは個性も経歴も異なったとしても、自分と相手との立場や考え方の違いを繰り返し体感するうちに自らの進むべき道が見えてくる。

多くの人は、似たような環境であれば似たような行動をとりやすい。頭の中でいろいろなことを考えて勝手に発言していても、行動のレベルになると人は同じようなことをするというのが取材してきた実感である。

先達が歩んだ道筋に繰り返し自分を重ね合わせると、自分の進む道も見えやすくなる。そのため、人が歩んだ道筋に焦点を当てることがポイントだ。等身大のその人が見えてくる。また、その人が語る今後の目標を聞くことが、自分がこれから進む通り道のヒントになることも多い。それに対して、頭で考えた理屈や感情をいくら聞き出しても、実際の行動になかなか結びつかない。

私は40人ほどの転身者に話を聞いた段階で、なぜか「ああ、自分は大丈夫だ」と思ったことを覚えている。道筋をなぞる中で、彼らが楽しそうな顔つきで働いているのだから自分もやれると思ったのである。まだ著述活動を始める前だったのにだ。

それに対して、頭で考えた理屈や感情だけでは、実際の行動になかなか結びつけることができない。個人的な感想であるが、このようなロールモデルを持つのは女性の方が上手で、男性はやや理屈が先行する傾向がある。

ある女性社員は、早期定年退職制度が導入されたことに伴う会社側の説明会に参加した。その時に夫と子どもと4人暮らしの先輩が、「会社勤めをしていたら地域に居場所なんてない。男の子2人も数年もすれば巣立っていく。だからどんな好条件でも早期退職なんか絶対しない。ただ、定年後どうするかが心配だわ」と語っていた。その発言を聞いたことをきっかけに定年後のことを考え出したという。育児休業を取得した先輩の例を参考にする場合もそうだが、女性の場合は生活で重ね合わせる部分が多いので、先を歩む人を参考にするのが上手だ。それに比べると、男性の場合は会社中心の働き方が前提になっていて、生活感が薄く、頭で考えがちなことから、重ね合わせる作業は得意でない人が少なくない。

私は50代社員の企業研修を依頼された時に、会社に対してシニア社員が在籍中や定年後に実際に新たな道に踏み出した事例を示すことを勧めている。自分の会社の先輩だと身近に感じられるので、歩んだ道筋にもより興味を持つようになる。手の届く範囲でもあるからだ。

在職中に大学院で修士号や博士号を取得して大学や専門学校、研究機関に転出する例、社会保険労務士や税理士資格を取得して独立する事例、定年後に地元自治体でボランティアのリーダー、地域の少年野球チーム監督、NPO（ミニコミ誌制作）活動に参加する例や趣味の店を自宅で開設したり、介護タクシーの会社を設立、海外移住などいろいろな例があることが分かる。多様な道があるのだ。

具体的なケースを見ると、子会社や関連団体に出向した後に新たな道筋を見つけている人が少なくない。出向でブライダル事業を経験したことによって自らウエディングプロデュース会社を起業した例、有料老人ホームを運営する会社に出向になったことをきっかけにその業界団体の事務長に転身、博物館に派遣されたことをきっかけに学芸員の資格を取って定年後に大学院に通う人もいる。出向した会社の取引先に産業廃棄物を扱う会社が多かったので、行政書士の資格を取って、定年後は主に産業廃棄物関係の仕事を専門にしている例もあるそうだ。

出向や派遣になると、本社にいた時よりも現場での裁量ある仕事が多いので、定年後の仕事に結びつきやすいという人もいた。

量を集めて質に転換

ロールモデルに重ね合わせる時は、できるだけ多くの人を対象にした方がいい。1人や2人ではそれほど役立たないことが多い。なぜなら人はそれぞれ違うからである。数をこなしていろいろな人のパターンに当たることが重要で、量をこなすと質に転換して、「この人は会社員としては特別な人だ」「この点はあの人と似ている」などと、その人のポジションが分かるようになってくる。そうすると全体感が生まれて、自分を客観化して見ることができる。

サイエンスノンフィクションの名手であるデイヴィッド・ブラットナーの書いた『極大と極小への冒険』によると、人は2つのものを比較する時、これかあれ、オンかオフ、黒か白というように、二元的な見方をすることが多い。ところが、4個、8個、16個……と比べるものを増やすと、スペクトル――やや暗めとか明るめとか、少し騒がしいとかやや静かとかいう具合に、これからあれまでの、様々な程度が連なる連続した範囲――が見えてくるという。

私たちは、自分自身が今までの積み上げた経験に基づいて現実を捉えがちだ。それが唯一の世界だと勘違いしてしまう。

自分の物差しの外にあるものは目には入ってこない。捉えづらい世界は無視してしまう傾向がある。自分で枠組みがあると思ってしまえば、本当に枠組みの中に埋没してしまう。その狭い視野を広げるためのヒントになるのがこのスペクトルの考え方である。

ブラットナー氏は、物、値、性質、考え、または活動などを幅広く捉えて、識別できる違いが多ければ多いほど、状況に対する理解が深まると述べている。

また、味わい深い経験は、2つ以上のスペクトルの組み合わせから生まれるという。たとえば音楽で言えば、音波の周波数（音の高さ）と振幅（音量）、タイミング（リズム）などが驚くほど複雑に絡み合ってできている。色では、色合いと明るさと鮮やかさといった具合だ。

これらの相違するレベルの情報を数多く集めることによって、表面的、二元的な見方ではなく本質を見極めることができるようになる。前出の今井むつみ氏が主張する、自らの思い込みを打破するということにもつながることだ。

先ほどは重ね合わせる人数が1人や2人では役立たないと述べた。このスペクトルを捕まえるところまでいかないからだ。ある情報誌の編集者は、「このシュークリームを情報誌で取り上げてほしい」と申し出たライターに、「異なる100店以上のシュークリームを食べてきましたか？」と聞くという。シュークリームの皮の味や歯ごたえ、中のクリームの甘さや味わいなど、数多くの異なるレベルの情報を集めた上で、掲載したいシュークリームの味を読者に紹介しなければならないと助言したのである。スペクトルの考え方と共通している。言い換えれば、量を多くこなして質に転換する活動であると言ってもよいだろう。

思い込みから脱却

会社で働いていると、社会的な要請に直接に接していないがゆえに、どうしても組織の枠内だけで物事を捉えがちになる。この枠組みから離れて自分のポジションを確認するためには、量を多くこなして質に転換する活動が有効である。今から考えると私の取材は、まさに識別できる違いを数多く見つけて今までの自分の枠組みを外す作業だった。

グルメとして知られるタレントの渡部建《わたべけん》さんは、その著書の中で「Aという店で食べただけでは、その店の美味しさのランクは分かりにくい。でも次にBという店で食べると、AとB、どちらが美味しいかは比較できます（中略）これを継続していくと、自分の中で基準ができて、初めて行った店でも、すぐにどのあたりのランクかを判断できるようになります」と述べている（『アンジャッシュ渡部の大人のための「いい店」選び方の極意』）。

数多くの「いい顔」をした転身者の話を聞くと、この人は自分に近いか遠いか、自分でも真似ができるかどうか、自分と彼との一番の違いは何だろうかとか、この人は典型的な会社員タイプだがあの人は本来会社員になる人ではなかった、などなどの違いが見えてくる。それを繰り返すと、自分はどのあたりの位置にいるかがおのずと見えてくる。

また各人が働いている会社組織についても、伝統的な大手企業と社員の関係は、同一と言っていいほど共通している、つまり銀行、保険、鉄鋼、薬品、電気、総合商社などは、業種にかかわらず、組織と社員の関係は驚くほど相似形なのだ。これに対して、同じ大手企業でも、外資系企業やIT企業、ベンチャー企業から発展した会社、リクルート社などの組織と社員の関係は、これとは相当異なっている。

取材を数多くこなしていくと、前者の企業群は、個々の社員よりも組織が優先になっていることが分かる。それに対して後者の企業群は、個人と仕事との結びつきが前者よりも強いことが確認できる。男性社員と女性社員では組織に対する考え方が相当異なることなども分かってくる。

伝統的な組織に向いている人もいれば、ベンチャー的な会社に向いている人もいる。管理機構に向いている人か現場向きかといったことも、数多くの事例に当たるとかなり見えてくる。このようにして座標軸ができてくるのだ。こうなると新たにインプットされる情報についても整理しやすくなる。

またこれを続けると、今までの自分が考えていた枠組みが、前出の今井むつみ氏が言う「思い込み」によって作られていることに気がつきやすい。たとえば女性の定年について、私の同世代の退職した女性からのヒアリングが中心だった時期は、男性に比べて定年後にそれほど関心がないと判断していた。

ところが、第1章で述べた通り、取材を続ける中で、働く女性は定年後に高い関心を持っていた。当初の考え方は私の思い込みであることに気がついた。私よりも下の世代では、会社の仕事中心で働いている女性も多く、定年後に自分はどうするのかに関心や不安を持っていた。背景には男女雇用均等法以降に女性の働き方が大きく変化していることがある。

見えない編集者

今まで述べてきた通り、この量をこなして質に転換する、座標軸を作り出すという取り組みは、単にロールモデルから学ぶ手法だけにとどまらず、今までの枠組みや思い込みを外すためにも有効である。それは定年後にこれまでの枠組みや思い込みにとらわれないためにも有益だと思えるので、私自身の実例を二、三紹介する。

一つは、30代で初めて財務の仕事に就いた時のことだ。総合商社、外国銀行、リース会社などに対する資金貸付の仕事を担当した。

それまでは生命保険会社の営業所と本部の企画部門にいたので、財務関係については知識も経験もなかった。相手先企業の財務担当者と話をしてもちんぷんかんぷんだった。しかし彼らは挨拶言葉のように市場の金利や為替のことを語った。

そこで大学ノートの左側の端に、日経新聞の毎日の市場の指標をずらっと並べて書き込んで、横に日付を入れてマス目を作った。そうして毎朝、日経新聞から数値を一つ一つ転記していった。短期金利から長期金利、各国の株価、為替レート、債券相場、金価格、原油価格などである。ノートの罫線《けいせん》に沿って項目を書いたので、全部で30項目以上を毎日毎日新聞から転記した。

この作業を続けながら先方の担当者と話していると、3か月もすれば、ばらばらだと思われた個々のマーケットの数値、たとえば金利、株価、金価格などとの間に関連性や連動性があることが肌で分かってくる。そうすると取引先の担当者が話している意味が理解できるようになるだけではなく、どの担当者がマーケットのことを本当に理解しているかが見えてきた。同時に、日々のマーケット数値を確認することが楽しくなってきた。これ以降、とにかく困ったら数で稼ぐというやり方を続けている。

もう一点は、初めて本を出版する時のことだ。原稿はある程度書き上げたものの、出版社とは何のツテもなく、かつ東京に集中しているので、関西在住の私にはアクセスできる手立てがなかった。

ある日の土曜日、家からほど近い大型書店に出かけた。その書店では、今は椅子だけになっているが、当時は顧客が本を試し読みするために店内に机と椅子が用意されていた。

午前中からそこに居座り、私が書いている原稿に近いジャンルの本に当たり始めた。メンタルヘルス、人事労務関係、自己啓発、闘病記、サラリーマンの生き方、定年などのジャンルの本を数冊まとめて机まで持ってきて、本の内容と奥付をかたっぱしから読み飛ばしていった。

本を作り出しているのは著者と編集者のはずであるから、原稿の内容を見て取り上げてくれそうな編集者を探そうとした。もちろん本には編集者の名前は記載されていない。「目に見えない」編集者が、自分の原稿を取り上げるかどうかを勝手にシミュレーションしていった。

講談社などの最大手では、幅広い分野の本を出しているので全体像はつかめない。しかし数多くの本に当たるうちに、ほとんどの出版社では得意な分野や特徴があることが見えてきた。それらの本の中から可能性のありそうな2社を選び出した。

その作業を終えた時は、あたりはもう暗くなり始めていた。その日の書店の防犯カメラには、本を抱えて机と本棚を何回も行き来する怪しいオジサンの姿が映っていたはずだ。幸運にも、原稿を郵送した2社のうち1社から初めての出版が決まった。

また177〜178頁では、ミニ新聞を立ち上げた竹原信夫さんが、なぜ異動内示の2日後に思い切って退職できたのか不思議だったと書いた。しかしインタビューを繰り返しているとその理由が分かってきた。竹原さんは、以前から数多くの中小企業の社長に取材していたので、重ね合わせる作業を通して自分もなんとか独立できるという自信があったからではないか、と推測している。

過去の自分に重ねる

会社員は組織の枠組みの中に自分を埋め込みがちなので、組織内の年次、役職、経験年数などによって自分自身の位置づけを確認している。定年後においても、外部からの評価や位置づけの中で自分を確認していることが少なくないだろう。

しかし本来は、自分がどれだけ業務に集中して成長できたか、周囲の人たちにどれだけのものを与えることができたか、現在はどれだけ深く生きることができているかがポイントである。

私たちが本当に力をつけたかどうかの見極めは、過去の自分と比べた時に表れる。その変化をきちんと把握できれば、次にどういう対応をとるべきかがおのずと明らかになる。定年前と定年後の自分の違いを把握するのも大切なことの一つだ。

たとえば私の著述活動で言えば、毎日毎日机に向かって執筆に取り組んでも前に進んでいるのかどうか分からない。しかし3年、5年のタームで見れば、やはり歩みを感じることができる。書き始めた頃と最近書いた本を読み比べればそれがよく分かる。

今までは相手と自分とを重ね合わせるということを述べてきたが、それを自分自身にも適用するということだ。過去の自分と現在の自分を重ね合わせることによって自分を把握するのである。

私自身は、自分のギャップを利用することを意識している。

歓楽地の商店街にいた面白いオッチャンたちの顔つきと、大企業の管理機構の中で働くビジネスパーソンとの顔つきの違いが、私にとって本質的なものだと思っている。会社を休職した時に、なぜかこの両者の違いが何度も頭の中に浮かんだ。私が執筆をしている主なテーマの一つである。

また、支社長や担当部長といった役職を背負っていた時と、50歳から平社員として働いていた時との組織の見え方の違いもある。組織の中で一直線に昇進していた立場から平社員になってみると、当時は「組織のことは何でも知っている」と思い込んでいたが、本当は「何も知らなかったのかもしれない」と反省したものだ。高い評価を受けて働いていても、その足場は万全なものではなく、薄い板一枚の脆弱《ぜいじゃく》なものであることに気づいた。組織と個人の関係を把握する視野が広がったと感じている。

私の場合は、50歳を越えてからの10年間、会社で働きながら執筆を中心とした活動も同時にやってきた。会社の仕事一本だった時期に比べると、２つの本業を同時に抱えるメリットの大きさ、相乗効果を感じるとともに、会社員だけを続けていては見えてこない組織で働くことのメリットを実感することができた。

また３年前に定年退職したことを契機に、あえて完全なプータローを決め込んだ。36年間の会社生活を送った私と、プータローの私とを比較することによって、会社で働くことの意味合いや自分自身の向き不向きがさらに分かってきた。

長く組織で働き続けることのできる人は、一般には強い個性を持っていない。私自身についてもその認識はある。また、持って生まれたものは簡単に変えることはできない。そうした際に個性を生み出す一つの手段は、自分のギャップで勝負するということだ。そうすると、自分のことを理解しやすくなるとともに、相手とコミュニケートする時にも伝わりやすくなる。自分自身との対話を深めると言ってもよいかもしれない。過去の自分と現在の自分を重ね合わせるメリットは大きい。

なぜ人に出会うのか？

本章の冒頭では、新たなステップが見えてくるのは、計画的な意思決定ではなく、人との偶然の出会いによることが多いと述べた。転身した人たちとの出会いを見ると、面白いことに、同じ会社で働いている現在の上司や同僚はほとんど話に出てこない。会社勤めの範囲外にいる人から刺激を受けて展開する場合が多く、しかも偶然に支配されているとしか思えない状況が語られる。

転職の研究で有名な社会学者のマーク・グラノヴェターは、「弱い紐帯《ちゅうたい》」という仮説を主張している。いつも会っている会社の同僚や家族は、同様の情報を共有する傾向があるので、転職を目指す人は、それほど親密でない人から新しい情報を得て次の仕事に移ると想定している。

日常的に付き合っている範囲外の人が大きな役割を果たすという意味では、私と結論は同じであるが、それを情報というキーワードで説明するのは、インタビューを通して得た私の実感とはやや隔たりがある。

「人との出会い」には、情報よりもその人との関係性、つまりその人の姿勢や心構えが大きく関係していると思っている。自分が進むべき道筋が見えていない時に、多くの人は資格の取得など、能力アップで解決を図ろうとする。もちろんそれも無意味ではない。しかし、自分が属している組織の外の人の生き方に刺激を受け、ヒントを得ることが、思いのほか重要なのだ。そんな「出会いの交差点」には、どうすれば立てるのだろうか。

その課題を抱えていた時に、ふとしたきっかけで（これも「偶然」である！）、ある研究者から紹介された生物学者で民俗学者の南方熊楠《みなかたくまぐす》の書簡を読んで自分なりに疑問が氷解した。当時の仏教界の中心人物である土宜《どき》法竜《ほうりゅう》に宛てた手紙の中で、熊楠は「縁起」の説明を「人との出会い」に絡めてズバッと書いている（図表4）。彼は、原因―結果の関係にある「因果（律）」と「縁起」の関係を整理している。

因果律は必然性があるが、複数の因果律がたまたま交差する点を彼は「縁」と捉えた。しかもその交差する点で因果律の方向性が変わる場合を「起」としたのである。そして「人の出会い」をこの縁起の例として述べている。

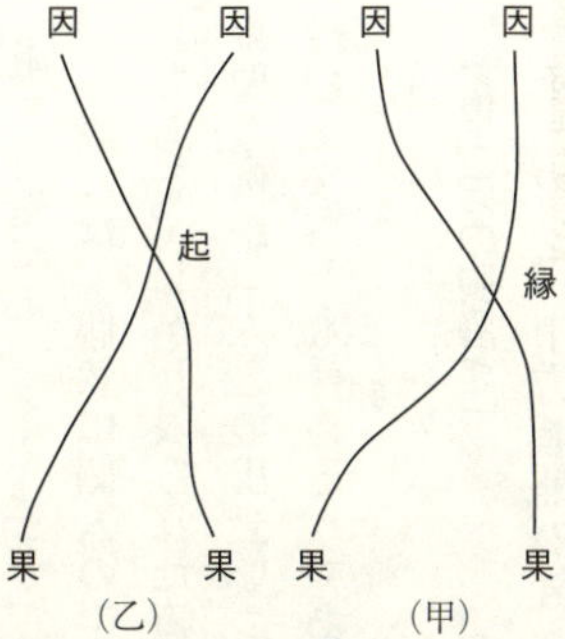

図表4　南方熊楠による「縁起」の説明『南方熊楠・土宜法竜往復書簡』（八坂書房）の図を改変した。

図表4で、那智山《なちさん》に登って小学校の先生に出会って何も起こらない時は「縁」、彼と会って剣の師匠の話を聞いて翌日訪ねる時は「起」（偶然の出会いで変化する場合）と説明する。

また、その縁起（「偶然」と言ってもいいと思う）は、「心のとめよう、体にふれようで、事をおこし（起）」と、単に人は偶然に翻弄されるだけではなく、自分の心構えや姿勢によって「縁」に働きかけて

「起」を起こしうることを「人との出会い」を通じて説明している。

一般には、偶然は個人の手の届かないものだとか、偶然か必然かの二者択一で論じられがちである。しかし限られた範囲では心構えや姿勢で偶然を変えることが可能であって、その重要な例が「人との出会い」だと言えないだろうか？　そう考えるともともと、偶然は人に絡む出来事とも言えそうである。

「億千万の胸騒ぎ」

それでは、南方熊楠の言う「人との出会い」を充実させる「心のとめよう、体にふれよう」とは、どんな心構えや姿勢なのだろうか？　組織内にいるとあまり意識しないが、人によって運や偶然をつかむ人とそうでない人がいる。「人との出会い」も同様だと思う。

熊楠自身もこの縁起の考え方を、その手紙の中で「実例を挙げて演繹《えんえき》せんには、なかなかむつかしく」と語っている。私の乏しい経験から考えれば、相手に対して関心と好奇心を抱くことではないかと考えている。この2つを持っていれば必ず相手は応えてくれるというのが実感だ。いずれにしても「出会いは億千万の胸騒ぎ」なので大切にしたいものだ。ここではインタビューから得た、人と出会うためのポイントを示しておきたい。

①一つのことにとらわれない

以前、地方公共団体主催のセミナーにゲストとして招かれた。その時には、出席者は多かったのだが、ネクタイを締めたビジネスマンが少なかったのが残念だった。その旨を私が話すと、信用金庫の元支店長は「信用金庫の行員は、平日の夜7時からの行事には、初めから出席できるとは思っていない。案内しても目に入らないでしょう」と語っていた。

会社本位の働き方に終始していると人との出会いは広がらない。特に組織の中では自分が主体的に生きているわけではないので、それに没入していると周りが見えなくなって通り過ぎる人のことが目に入らなくなる。そのためできるだけ「とらわれないスタンスでいること」、これは人に出会うための大切な条件である。「定年後に友人はできない」と語る人もいるが、会社から離れた定年後は人との出会いを広げるチャンスなのである。また第2章で述べた「もう一人の自分」を持つことが出会いの場を広げることにつながるのは言うまでもない。

②発信系の姿勢が大事

これは、言い換えると自分の課題意識をはっきり表に出すことである。

優秀で力量もあるのに、インプットが中心で発信系になっていないビジネスパーソンは多い。極端に言えば、自分の本心を隠すために「話している」と思える人もいる。

マスコミに全く縁のなかった私がつたないながらも著述活動を続けているのは、人と出会ったことから始まっている。興味ある記事を書いた記者に直接電話をかけたことや、たまたま図書館で読んだ人事労務雑誌の編集者を訪ねたことが契機になったのだ。

そして人と人とが課題意識でつながることが大切で、そうすれば互いの関係も強まるし、長続きもする。だから常に自分の持っている課題を外に向かってはっきりと表明しておくことだ。心の底から大切だと思っていることは、一定の普遍性があるので、志の近い人との出会いを磁石のように結びつける効果がある。前述の地域での活動における、あぐり塾や男談などの活動でも、自らのスタンスを明確にすることが多くの人を呼び込むポイントになっている。自分なりの「面白いもの」を見つけて、稚拙であっても情報発信する。そうすれば自然と出会える人も増えていく。

③自分から与えるのが先

庶民的な商店街や歓楽街で暮らしていた私の周りの人たちは、「○○さんのおかげで」「××君に借りができた」といったことをよく発言していた。

実際の人間関係は、欧米の契約社会の権利中心の考え方だけでは捉えられない。市場における等価交換は、当事者の人格、個性や人間関係を消去したところから生まれている。言い換えれば、自分と相手を切り離したところでプラスマイナスを捉えている。しかし等価を離れた部分では、お金や技術、エネルギーを放出するところに人との関係ができる慣行があるのではないか。そうであるならば、自ら先に与えることが人間関係では重要である。

他人のために自分の持っている経験や技術を惜しみなく与える人もいれば、自分のところにいろいろ溜め込みながら人生を送る人もいる。

私が著述活動を始めた頃、信頼できる先輩から受けた「３年くらい収入がなくても人のためにやってあげると必ず戻ってくる。あなたがいい人だと分かってもらうことがまず大切だ」とのアドバイスは有効であったことが今ではよく分かる。

④集団や団体とうまく付き合う

一人だけで人と人との出会いの交差点に立つのは、なかなか大変である。先ほどの南方熊楠の考え方からすると、「起」を増やすには、できるだけ因果律の交差する点（「縁」）を多くすることである。やはり多くの人と出会う場所に身を置くことが大事である。

実際には、人の集団が大きな役割を果たしている。特に、課題意識が共通した人が集まる団体は有効である。取材してきた人も、社会保険労務士資格を持った人の集まりや、職人組合などの同好の士が集まった集団で、情報交換したり刺激を受けたりしている例が多い。また社会人大学院などでは、受講生仲間で新たな展開が生まれることもある。一緒に学ぶ仲間がいれば初めの第一歩も踏み出しやすい。

定年後に同窓会やいろいろな会合の幹事を積極的に引き受けている人は、やはり「出会い」を意識していた。また自分なりの課題意識で、気楽な勉強会や研究会を立ち上げるのも有効だ。それ自体が定年後の居場所になることもある。

最近は、ビジネス街でもいろいろな会館があるし、メールなどを使えば幹事になってもそれほど労力はかからない。一人で複数の集団や研究会を立ち上げてもいい。そして、集まる意味がなくなったらやめればいいだけのことである。

第7章　逆境がチャンスに

病気は語りかける

私が取材してきた転身者や、定年以降もイキイキ活動している人は、過去に築いてきたキャリアやスキルだけで次のステップにスムーズに移行しているわけではない。むしろ挫折や不遇の体験を通して、今まで走ってきたレールを乗り換えたり、または並行してもう一本の新たなレールを敷いている人が多い。自分の悩みに関わることや、そこから派生することがきっかけで一歩前に踏み出す人が多いのだ。

私の取材例では、阪神・淡路大震災のような災害や事故との遭遇、自分の病気、家族の介護、子どもの不登校や家庭内暴力、会社の破綻、リストラや合併、出向、左遷などである。なかでも自らの病気のことを語る人が多いことに驚いた。

リストラは、リストラされる側だけではなく、申し渡す側も辛い。機械メーカーの工場長を兼務する役員だった平田さん（仮名）は取材当時49歳。部下の人事記録を見ていたら、社内運動会で見た家族の顔を思い出してしまって夜中にうなされることもあった。

従業員は全体で400人ほどいたが、役員会で人員整理の案が承認された。平田さんの工場では、人員の3割、約50人が対象だった。「いつも額にシワを寄せて、近くによるのが怖い雰囲気だった」と妻は当時の平田さんの様子を語る。

2年がかりのリストラを終えた翌朝、平田さんは突然、自分でベッドから起き上がることができなくなった。病院に行ったら大腸ガンとの診断を受けてすぐに手術になったが、医師から「5年生存率は70％」と宣告された。

「5年経ったら10人中3人は死ぬのか」。平田さんは病院のベッドの上で「働く意味」を問い直していた。「リストラで悩む経営者や従業員の相談相手になれないだろうか」との想いが頭をよぎった。子ども2人はまもなく社会人。節約すれば夫婦で食べていけるくらいの蓄えはある。まもなく退職した。

人事関係の業務経験が豊富な平田さんは、社会保険労務士の試験に一発で合格。現在は人事コンサルタントとして活躍している。顧問先の会社で人事制度策定のプロジェクトにも関わる。経営者と従業員が共に成長できる関係づくりに役立ちたいそうだ。

体調の方も、手術から10年以上経ったが再発の兆候はない。彼の額にはもうシワはなく笑顔だ。平田さんのように病気が働き方を変えるきっかけになる人は少なくない。そして、そういう人は例外なく自分の仕事人生に真剣である。

また営業の仕事中心に企業戦士を自認していた桑田さん（仮名）は、以前は金融関係の会社に勤めていたが、突然肺ガンの告知を受けた。上司は「ポストは空けておく」と言ってくれたが、役員を目指していた桑田さんはこれまで築き上げてきたものがすべて崩れてしまうような大きな不安に襲われた。

半年間、抗ガン剤と放射線治療を受けた。職場復帰は果たしたものの体力がもたなくなっていた。その後転移も見つかって、自分から願い出てラインを外れた。治療の副作用にも苦しみ、その後結局会社を退職した。

その頃、たまたまテレビで、患者自身が病気になった経験を語り、同じ病になった人々を励ますために活動・発信する姿を目の当たりにした。「これこそ、俺が患者としてやるべきことだ」と彼は思い立った。ブログで呼びかけて集めた賛同者と一緒に、患者を支援するプロジェクトを立ち上げて活動を続けている。

また、50代半ばに足の炎症による1か月の入院がきっかけとなって、このまま家庭も地域も顧みず仕事中心の暮らしを続けてよいのかと考え、妻と相談して地元で飲食店を開店した人もいる。このように病気や入院生活を経験して自分の今までの生き方を見直す人は多い。なかには入院先の病院から電話をかけて、退職の意思を伝えて上司に押しとどめられた人もいる。

彼らの話を聞いていると、病気になって「もう終わった」というところが出発点になっているように思えるのが不思議なところだ。また、病気は生活上の挫折ではあっても、必ずしも人生の挫折にはならないのである。

震災で変わる人

病気と同様、災害や事故に遭遇することによって会社の枠組みを見直した人も少なくない。山内さん（仮名。取材当時60歳）は、鉄鋼会社で33年間働き、50代で早期退職。蕎麦打ち職人になった。

山内さんは、一貫して工場で製鉄の仕事に取り組んだ。オイルショック後は仕事の効率化も求められたが、職人的な仕事が好きだったので、あまりストレスは感じず働き続けた。ただオフの時は、意識して社外の人と付き合ったという。

転身のきっかけは阪神・淡路大震災。被災直後は、家の周囲も被害がひどく、亡くなった人もいた。しかしそういう状況でも山内さんは工場に泊まり込んで窯《かま》を守った。その時に抜け落ちた工場の天井から夜空を見上げて、「10年後、60歳になった姿が全く見えない」と強く感じた。

その後、彼は早期退職を前提とした1年間の生涯設計休暇を取得して、自分がこれから何ができるのかを探し始めた。しばらくの間、試行錯誤もあったが、好物の蕎麦を食べた有名店の味がそれほど美味しいと感じられず、「これなら、自分で工夫すればもっとうまいものが作れるのでは」と思った。

開店した当初はお客さんの数も少なかったが、もともと職人肌の山内さんは自ら蕎麦を打ち、店で出す野菜も生産者のところに出向いて自分の目で見て仕入れるなど、きめ細かい仕事ぶりが功を奏して顧客を増やしていった。

私は神戸の出身で、震災当時も大きな被害を受けた地域にいたので、震災で自分の進む道が変わった人、自ら変えた人を数多く見てきた。東日本大震災でも同じようなドラマがあちこちであったに違いない。

作家で生活史研究家の阿古真理《あこまり》氏は、新聞のエッセイの中で、「被災後の2カ月間で、その日々が人生進路を決めた」と語っている（『日本経済新聞』2017年9月29日）。阪神・淡路大震災の時、震度6地域で暮らしていた阿古氏は、家族は無事だったが、家は傾き、水道もガスも止まった。

会社で住設関係の仕事をするチームは、被害が多かった地域へ調査に入ったのに、彼女は震災と関係ない仕事で夜中まで残業をしていたという。自分は被災者なのに生活に関わる事が何もできないのはおかしいと疑問を持つ。その違和感と罪悪感が、漠然と願っていた独立に足を踏み出すきっかけをくれたそうだ。翌年退職してフリーライターになり、新たな世界に踏み出した。

蕎麦店を開業した先ほどの山内さんは、私が何度か店に伺った時に、「50代になっても定年後のことを何も考えていない社員が多いことに驚く」と繰り返していた。彼は「蕎麦屋ができるのも、体力的にもせいぜい70歳まで。今は次のステップを考えている」と語り、具体的な計画をすでに頭の中に描いているようだった。おそらく震災を経験して、いつ何が起こるか分からないことから、自分の生き方を大事にする姿勢が身についたのだろう。

投げ銭の重みを知る

ギタリストの林田さん（仮名。取材当時57歳）は、ライブハウスでの公演のほか、レストランやカフェ、各種パーティーで演奏活動を行い、路上もステージにする。

林田さんは以前、自動車販売会社で営業と管理職を兼ねていた。会社生活が暗転したのは40代半ばだった。取引先の倒産の責任をめぐって会社と対立して自ら退職した。彼の転職は困難を極めた。家のローンがあり、子どもの教育費も必要だった。

　その時、人の縁と中学生の時から手放さなかったギターが彼を救った。知人の音楽家が「ギタリストとしてやってみたら」と声をかけてくれた。組織で働いた経験のある林田さんは、自分一人で事務所やマネジャーの業務も担える。自分で直接、顧客に音楽イベントを提案して、そのプロモーションをすることもできた。その丁寧な対応が、人との縁を広げていった。アドバイスした音楽家は、「ミュージシャンにも、彼のように社会に出て働いた経験が必要だ」と言う。

　自分の出発点であるストリート演奏に、林田さんはこだわっている。以前は、企業の名刺や肩書きがあって初めて自分を認めてもらえた。今は何者とも分からない自分の演奏に人が足を止め、音楽を聴いてくれる。その人たちからいただく投げ銭は「重い」という。

　ある日、ギターケースの投げ銭の中に、小さなメモが入っているのに気づいた。「死のうと思っていました。でも癒《いや》されました。頑張ります」と書かれていたという。同じお金であっても、会社の給料と、ストリートでもらう投げ銭は、値打ちが違うようだ。

　また、社内での左遷を契機にして四国のお遍路の道を歩くことに意味を見出し没頭することになった人や、同様に左遷に直面して自分で社外の仲間が集う異業種交流会を立ち上げたり、新たに大学院で学び直す人もいた。

会社が吸収合併されたことにより、どうしても新会社の雰囲気に馴染めなかった人が早期退職優遇制度に後押しされて起業した例もある。また、海外との折衝の仕事で、毎朝早くから終電がなくなるまで働く日々に加えて、上司との折り合いも悪かったことにより厳しい状況に陥ったサラリーマンもいる。彼は次第に睡眠不足で疲弊し、勤務中に意識を失って倒れたことがきっかけでフリーランスになった。

長い目で見ると、挫折や不遇な体験をきっかけにして新たな道を切り拓いている人が少なくない。私も40歳の時の阪神・淡路大震災に遭遇したことや、47歳の時に会社生活に行き詰まって長期に休職したことが、結果として著述活動につながっている。これらのことがなければ執筆活動はしていなかったことだけは間違いない。

「鳥屋籠」

タイトルが定年後の自分の姿に近いので『無所属の時間』（山本七平《やまもとしちへい》著）を読み返してみた。1975年（昭和50年）初刊なので、40年以上前に書かれたものだ。その中に「鳥屋籠《とやかご》」という3ページの文章がある。山本七平氏が、絵本の製作者、出版者である武市八十雄《たけいちやそお》氏と話した内容が紹介されていた。

興味を惹《ひ》かれたのが、鷹匠《たかじょう》による鷹の教育法である。鷹という猛鳥をどのようにして教育するのかという内容だ。初めに教育は徹底的に行われる。ときには鞭《むち》による体罰も加えられるそうだ。

そして、鷹が鷹匠の指示に盲従するようになると、この訓練は終わって鳥屋籠に入れられる。目張りをされた、中が真っ暗な籠だ。数か月間、餌《えさ》は与えられるが闇《やみ》と孤独の中で鷹は過ごす。

その後、鳥屋籠から出ると、羽毛が抜け替わり、教えられたことは忘れて全然違った鷹になる。完全に野生に戻ったように見えるらしい。そこから再び教育を始めるのだが、以後は、一方的な訓練は一切なしで体罰も加えない。鷹匠は鷹と対話しながら教えていく。

初めは全く手に負えないが、ある段階まで来ると、鷹はするするとかつて教えられたことを思い出す。それは以前に教えられたことと同じではなく、鷹自身のものとなっているので、鷹は自らの判断で過去の訓練を活かすことができる。ここで初めて、一人前の鷹が出現するのだそうだ。武市氏は、「人間の教育も、基本的には同じことではないのか」と語っていた。

山本氏は、「私は武市さんの話を聞きながら、多くの先達、先輩、画期的な仕事をした同輩を頭に浮かべていた。面白いことに、これらの尊敬すべき人びとには、みな、一種の鳥屋籠時代があった。それはときには軍隊であり、虜囚であり、また闘病であった。（中略）だがわれわれは鷹ではないのだから、無理矢理〝鳥屋籠〟に入れられる体験はもうたくさんである。いま考うべきことは、(武市氏の言う通り)各人が、どのようにして自らを鳥屋籠に入れるかということであろう」と締められていた。

読んだ時に思わずうなってしまった。今までビジネスパーソンの取材を通して私が感じてきたことと見事に符合していたからだ。

「若いうちは、がむしゃらに頑張った方が中年以降の選択肢の幅を広げる」

「次のステップに行くには、挫折的な体験(ここで言う「鳥屋籠」)が大きな役割を果たす」

「師匠と弟子の関係は変化する」

などなどである。また自分にとっての「鳥屋籠」は何だろうかと考え込んでしまった。

もちろん鷹の話と人間の話を一緒にすることはできない。ただここでの鷹の成長というか、年齢を重ねることを一つのベースにして、人の成長や成熟を考えることは意味があると思えるのだ。鳥屋籠の話を考慮に入れて、中高年以降の人生を乗り切るヒントを考えてみることができるのではないかと思った次第だ。

若い時は組織にどっぷり

鷹の初めの教育法は徹底的に行われ、ときには鞭による体罰も加えられる。

もちろん人の場合は、鞭による体罰や盲従まで訓練を続けるということはよくないが、組織で働くビジネスパーソンは、入社して10年余りは会社での仕事に没頭することが大事ではないだろうか。もちろん会社にしがみつくという意味ではなく、自己の成長の土台づくりのために仕事とどっぷり格闘するのだ。

入社してしばらくの間の仕事は面白くないことも多いだろう。特に、慣れないうちは上司や先輩からの要求が理不尽だと感じることも少なくないはずだ。また少し仕事ができるようになると、組織の矛盾や人間関係の厄介さを感じることがあるかもしれない。

それでも、一緒に働く仲間や顧客から評価される自分を作り上げるという人生前半戦の通過儀礼に対する努力を怠らないことだ。

20代で懸命に仕事をこなさないと、30代でその流れを活かしていけない。初めは自分に与えられた仕事をこなすことだけで精一杯だろう。しかしそこでの頑張りをもとに周囲の認知を徐々に得ていく。そして仕事の軸足を自分から他者との関係に移すなかで、仕事仲間や顧客などに貢献できる自分を目指すのである。

また社内では、社員に対しては丁寧に指導する。場合によっては厳しい叱咤《しった》もあるだろう。でもこれは、長く一緒に働くことを前提としているからだ。私は在職中からフリーランスの仕事もしていたが、そこでは誰も教えてくれたり、叱《しか》ってくれたりはしない。レベルに達していなければ次の仕事が来ないだけなのである。

組織での仕事は、誰もができることをベースに設計されているので、若い時にまず自分を鍛えるには格好の舞台となりやすい。そこで自らの成長を図ることだ。一度は仕事にどっぷりとつかる必要がある。そうでなければ組織との距離を測れないので、独り立ちする時にも間合いが分からない。

若い時は仕事中心で過ごして、中高年になって関心のあることや自分に向いていることへ思い切って舵を切るというのが、仕事人生を乗り切るための一つの形ではないかと考えている。当然ながら、それはスムーズな定年後の生活にもつながっていく。

ただこれは会社の仕事中心にキャリアを積んでいく場合のことであって、会社以外で自分の持ち味を活かすケースではまた違った対応があり得るだろう。第5章では子どもの頃の自分を呼び戻す大切さについて述べた。自分が小さい頃から取り組んできたスポーツや音楽、ものづくりなどに再び焦点を当てることによって、定年後に新たな自分を見つけることもできる。いつだって新たな活動を始めることができるのだ。また、行動するのに遅すぎるということはない。

挫折の中にヒントが

先ほどの鳥屋籠の話で山本七平氏は、「尊敬すべき人びとには、みな、一種の鳥屋籠時代があった。それはときには軍隊であり、虜囚であり、また闘病であった」と述べている。私が取材してきた人は、過去に築いてきたキャリアや能力だけで次のステップに移行できているわけではない。

むしろ挫折や不遇の体験を通して、そこから派生することがきっかけで一歩前に踏み出す人が多数派だと言っていいだろう。先ほどの具体事例を示した通り、自分の病気、阪神・淡路大震災のような災害や事故との遭遇、親しい人の死、家族の介護、子どもの不登校や家庭内暴力、会社の破綻、リストラや合併、出向、左遷などである。初めのうちは、いったいどうしてなのかと何度も自分に問いかけながら話を聞いていた。

気がついたのは、彼らが会社員の時とは異なる、新たな自分を発見していることである。しかもその新しい自分は、かけ離れたところではなくて、自身の悩みや病気、挫折、不遇に向き合い、そこから立ち上がる中に存在している。「何でこんなことになるのか」「あんなことさえなかったら」という「こんなこと」や「あんなこと」の中に新しい自分のヒントが隠れていることが多い。

そういう意味では、鳥屋籠の時代、すなわち山本氏が指摘する軍隊、虜囚、闘病などの経験が後押しするという話とも共通している。

私の実際の取材でも、順風満帆な状態では新たな分野に踏み出すのは難しいというのが実感だ。山本氏が、「いま考うべきことは、各人が、どのようにして自らを鳥屋籠に入れるかということであろう」と述べているのは、主体的に切り換える難しさを知っているからだろう。

50代にもなれば、人生で挫折や不運は避けて通れないだろう。誰にでもその機会は訪れると言えそうだ。また一度ドロップアウトした人をなかなか認めようとせず、敗者復活が難しい社会であることも事実だ。ということは、自身の悩みや病気、不遇な出来事を逆に糧とするような対応が求められる。次のステップへの道筋は、喜びの中で見出せるとは限らず、むしろ悲痛とも思える出来事の中で現れてくることがある。挫折や不遇な状況になった時こそチャンスと見てそれを活かそうとすべきであろう。もちろん、その切り換えには一定の時間を要することに留意しなければならない。焦ってはいけないのである。

働くことや生活する意味に悩み、疑問を持ち、不遇だと思う心理状態に陥った時は、「自分が本来取り組むべきことは何か」「働くということはどういうことなのか」を深く考えるチャンスであり、新たな発想を生む可能性をはらんでいる。

孤独な期間が必要

評論家の伊藤肇《いとうはじめ》氏が書いた『左遷の哲学』は、タイトルにある左遷という意味合いを広く捉えている。目次を見ると、「１闘病」「２浪人」「３投獄」「４左遷」「５挫折からの脱出」となっている。タイトルは、『左遷の哲学』なのに、左遷が登場するのは４番目である。

おそらく著者は、最終章の「挫折からの脱出」を考えれば、単に組織の中の左遷だけに限るべきではなく、病気、浪人（この本では公職追放が中心である）、投獄など幅広く捉えるべきだと判断したのだろう。

これは組織で働くビジネスパーソンに数多く話を聞いてきた私の実感とも符合する。さすがに投獄の事例はなかったが、会社員で言えば、病気の経験や親しい人の死、家族の介護や親子関係の課題、会社とのトラブル、上司との確執、リストラする、リストラされる場、合併、左遷などである。

また前述の通り、会社員から異なる道に進んだ人を取材していた時に、病気の経験をしている人が多かったことに驚いた。

病気や震災などに遭遇することは、程度の差はあるが、死ぬこと、生きることにつながっているからだろう。おそらく普段は意識下のレベルに押し込んでいる死に対する恐怖心や関心が、意識レベルにせり上がってくる。その体験が、日常の意識を変化させることにつながっているのだろう。ただ、同じように病気や震災を経験しても、枠組みがそれほど動かない人もいる。挫折や不遇に出合っても、その人の状況や内面の受け止め方が異なるからであろう。

他の人は幸福そうに過ごしているのに「なぜ自分だけがこうなるのか」といった気持ちが孤独の作業を推し進める。特に「自分だけが」というところが個性発見の手がかりになる。

新たな道に進むには一定の孤独な期間が必要だというのが実感だ。先ほどの鳥屋籠の時代であり、順風満帆な状態では切り換えられないという話とつながっている。

ここで大切なことは、「社会が悪い」「上司が分かっていない」と他人のせいにして、悩みや挫折から目をそむけないことだ。人々の悩みや惑いの中には、その人の本来の可能性が宿っていることがあるからだ。

関西で絶大な人気を誇っていた歌手でタレントのやしきたかじんさんは、一度つまずいたり、不祥事があって出番が少なくなったりしたタレントや芸人を自分の番組に起用することが多かった。体調の悪化を理由に2007年(平成19年)に総理大臣を退任した安倍晋三氏と一緒に温泉に入っていた話はわりとよく知られている。彼は挫折や不遇な状況から立ち上がる時に、その人の可能性が大きく広がることを熟知していたように思われる。

これらの挫折からの脱出は、もともと自分の中にあるものをつかみ取る作業である。頭で考えて、「ボランティアをやろう」「地域活動をやりたい」といった外のものを持ってくる行動とは少し違っている。

臨床心理学者で元文化庁長官の河合隼雄《かわいはやお》氏は講話の中で関連することを語っている（CD「河合隼雄講話集」第4巻）。精神医学者エレンベルガーは、フロイトやユングの生涯を研究する中で、創造的な思想や真理を発見する人々は、神経症的状態を経験していた事実を認め「創造の病」と名付けた。河合隼雄氏は、この「創造の病」をもっと広げて解釈して、病気に限らず不幸なことや事故や失敗なども含めて考えればいいだろうと指摘する。

彼のところに相談に来る人の多くは、困ったことを契機にやってくるが、対話を繰り返しながら自分に向き合うことによって新たな生き方を見出す人が多かったそうだ。それは非常に創造的なことであると河合氏は指摘する。左遷されて仕事がなくなったと相談に来た人が、相談が終了した時には、「左遷になったおかげで」という発言に変わったことを例として述べていた。もちろんそのためには切り換えるための一定の時間が必要であることは言うまでもない。

時間軸で考える

私を含めて組織で働く人は、自分が変わるということを安易に捉える傾向がある。「他人は変えることはできないが、自分は変えることはできる」といったたぐいのことがよく言われる。しかし考えてみると自分を変えることは至難の業である。持って生まれた性格や個性はいくら変えようと思っても手を付けることはできない。モノのように単純に自分を操作するわけにはいかないからだ。

少し割り切って言えば、変えることができるのは自分自身ではなくて自分と他者（家族、友人、同僚、顧客など）との関係、および自分と組織との関係なのだ。

私は50歳から、サラリーマンの傍ら、著述活動に取り組んできた。その中で感じることは、ゼロから新たな人間関係を築いたり、今までとは違うスキルを身につけるためには、相当の時間をかけないとどうにもならないということだ。私自身もこの積み重ねについては甘く考えていた。人の歩む道はいつもそれ以前とつながっていて、いきなりジャンプすることはできないのである。どんな人も、さなぎの期間を経なければ蝶《ちょう》にはなれない。本章の各事例は、いずれも時間をかけて、自分と会社との関係や家族との関係を変えた人たちだ。

今までの諸々の関係を変えるには時間を要する。むしろ時間の経過自体が変化を生み出すと言ってもいいだろう。そのため、この関係性は時間軸の流れで変えることがポイントだ。

役職定年でラインの仕事から外れて初めて、会社一辺倒の生活から距離を置いて家族との関係に思いを致して動き出す人や、子会社に出向してそこで働くＯＢの姿を見て自分の定年後を真剣に考え出す人もいる。定年時に残りの人生が20年以上あるなら、「小学1年生から大学卒業までよりも長い時間がある」といって本格的に英語を学び直している女性もいる。

前述した通り、病気や大震災に遭遇したことをきっかけに人生が有限であることに気がつく人も多い。また、平均寿命ではなく親が亡くなった年齢を自身の寿命と考えて、今から行動しなければと話す人もいる。

取材をしていて感じるのだが、彼らが発することが比較的多いのは、「好きな仕事をする」ではなくて、「せっかく生まれてきたのに」というニュアンスの言葉なのである。

そういう意味では、定年というのは人や仕事、組織との関係が大きく変わるポイントであり、切り換えるチャンスなのである。

死から逆算する

定年前の会社員5人が居酒屋で、定年退職するか雇用延長で引き続き働くかの議論で盛り上がっていた。しかし翌年に定年を迎える社員の一言で、それまでにぎやかだった場が一瞬静まり返った。

「自分の親は60代後半で亡くなった。それを考えると残りはあと10年だ」と語った時だ。みんなの頭に浮かんだのは「えっ、あと10年？　残りの人生はそんなに短いのか」という共通した思いだった。定年で退職するか、雇用延長を選択するかで迷っていることでよいのかと全員が思ったのである。

現役の会社員が10年後に亡くなると考えたら、どのように生きたいと思うだろうか。最後まで仕事に全力を注ぐのか、家族と過ごす時間を長く確保するのか、それとも自分の好きなことをするのか。

またある女性社員は、定年退職してまもなく亡くなった先輩の葬儀に出席した時のことをメールで送ってくれた。喪主である弟さんの挨拶で、その先輩が弟、妹の親代わりとなって働きながら彼らを育てて、その後は甥《おい》、姪《めい》の世話も引き受け、やっと会社を定年まで勤め上げたことを知った。これから姉にはゆっくりしてもらおうと思っていた矢先に病気になった。とても悔しいと弟さんは話したそうだ。その挨拶を聞いて、彼女は「先輩は幸せだったのだろうか、どんな気持ちで亡くなったのだろう」と思って、生きることと働くことの意味を考え出したと語っていた。私は、その先輩は間違いなく幸せだと思っていただろうと返信した。

日々のビジネスの場面でも、お世話になった元上司や先輩の訃報《ふほう》に接すれば仕事の手が一瞬止まる。誰もが人生のゴールがあることは知っているが、普段は意識の底にしまい込んでいる。

しかし身近な人の死に遭遇すると、自分と重ね合わせていろいろと思いを馳《は》せる。日々の業績や役職、得られる給与に執着していることでいいのかという考えが頭をよぎる。それは、死という現象はビジネス社会が取り込むことができない対象であるからだ。死を考えることは、合理性や効率を中心にする日常に対して突破口になる可能性を秘めている。

第1章では、会社員時代および定年後のライフサイクルを見つめるなかで世代ごとの生き方について考えてみた。会社員や定年退職した人たちの話を聞いていると、一人の生涯の中には、積み立て型の時期と逆算型の時期がありそうだ。

若いうちは、社会に適応するために新しい技能を身につけ、家族を養うことを第一義にして人生で得るものを積み重ねていく。そこでは、いくら稼ぐことができるか、自分の能力やスキルをどのくらい高めることができるかがポイントだ。他人との比較や自分が他人からどう見られるかが中心になる。また将来の目標のために本当にやりたいことや欲しいものを我慢して頑張っている人も少なくない。積み立て型の時期だと言えるだろう。

一方、40代半ばを越えた頃からは、自分が死ぬことを意識し始めて、そこから逆算して考える方向に徐々に移行する。もっとも、一度に転換することはできないので積み立て型と逆算型の生き方との矛盾を抱える時期が続く。そこでは、稼得能力やスキルの重要性は理解していても、それだけでは定年後も含めた長い人生を満足して過ごしていけないと漠然と思い始めている。

先ほどの親の亡くなった年齢をもとに自らの今後の進む道を考える、定年後まもなくして亡くなった先輩の葬儀に出席して幸せの意味を問うなどの事例は、まさに死という時点から逆算して考えている。そして自分と会社との関係、仕事との関係を見つめ直している。還暦も近づけば、死の側から物事を見る逆算型の生き方に徐々に転換していく人が多いと思われる。

死んで再生する

最近、新聞社が主催する終活セミナーに講演で呼ばれることがある。お盆の時期に親のことや自分のことを考える催しだ。

著名人や専門家による終活に関するトークショーやセミナーのほか、葬儀関連ブース、老後の生活ブース、介護・健康ブース、シニアの楽しみなど多様なブースが設置されていて、楽しめるようになっている。多くの会社が協賛していた。なかには棺桶《かんおけ》に入ってみたり、葬儀で使う写真を準備したりという実演などもあって楽しむことができた。また、親や自分の老後の様々な悩みを相談できるブースもあった。やはりシニア市場が大きいので参入する企業も増えているのだろう。

数日間続く催しだが、多くの来場者があってその関心の高さがうかがえた。親や自らの最期の準備を今から考えるという意味では、先ほどの逆算型の生き方を示しているものだと言えよう。

この催しで講演している時に、長い人生を過ごすなかでは、実際に一度死んで蘇ることをやっているのではないかと感じた。もちろん本当に亡くなるわけではない。自分の一部分に死んでもらって新たな部分を生み出すイメージだ。

たとえば学生から社会人になることは、自分の中の学生の部分を殺して（表現が穏やかではないが）新たな社会人が生まれる経験だ。今まで何度も述べてきた会社員から独立や起業をしたり、地域活動やボランティアなどで新たな役割を持つ人も、会社員の自分は終わり、地域で活動する自分が生まれるわけだ。これらの中で自分と仕事や家族、地域との関係を変化させている。

私であれば、会社人間的自分は死んで「モノ書き＋《プラス》平社員」の自分が生まれた。50歳で変化したので、モノ書きの自分は10年余り生きている。

２０１５年（平成27年）に定年退職した時に会社員の部分は死んで、著述活動を行う専業の自分になった。２０１８年４月からは、モノ書きの一部は死んで大学教授の自分が生まれている。教育関係は初めての仕事なので、まさに今から生まれるという感じだ。そして70代になれば、大学教授の私は死んで、地元神戸に根を下ろしてゆったり過ごす自分を目指すことになりそうだ。地元の演芸館で入場券のモギリのボランティアをやるつもりだ。

そして中学時代の自分、大学生の自分、会社人間だった自分、モノ書き＋平社員の自分、モノ書き＋大学教授の自分、そして70代の地元に根を下ろした自分がみんなで集まる。そして自分の臨終の場面に立ち会って、家族と一緒に、ワイワイしゃべり合いながら最期の自分を見送る。にぎやかでいいと思うのだ。

第1章の「黄金の15年」で述べたように、まずはまだ自分の体が言うことを聞く74歳までを目標に、この死と再生の繰り返しの中で充実した人生を過ごすというのが私の目標だ。それ以降のことは自分でコントロールすることは難しくなるだろうから、その時になって考えるしかないだろう。そういう意味では、いきなり最期から考える終活と並行して、日々を大切に送る活動が大切だと思えてくるのである。

なぜ地獄と極楽があるのか

数十年間生きて、そして今死んでいかなければならないという厳粛さは、当たり前に過ごす毎日や自分勝手な思い込みなどから解き放たれて、本当に自分にとって大事なものに気づくきっかけになる。その意味では、絶対的な死との関連において自分の立ち位置を確定させることは非常に重要な機会である。そうして定年後に新たな仕事や役割を手に入れて充実した毎日を送っても、その先に一つ大きな壁がある。

本当に自分の死がやってきた時に、それが完全な終結だとしたら、やるせない気持ちになるのは当然のことだ。60代ではまだまだ元気でそういう感覚はあまり持っていないが、70代に手が届く団塊の世代に話を聞いていると、そのあたりのことを語る人は少なくない。死に関する書籍が本棚一杯にあふれている先輩もいる。また90歳を越えた母親を介護する中で、自らのことに引き直して考えている人もいた。

定年退職したおやじ（橋爪功《はしづめいさお》）のいる家庭を描いた山田洋次《やまだようじ》監督の人情喜劇「家族はつらいよ2」では、おやじが身寄りのなくなった高校の同窓生と久しぶりに出会い、一晩中飲み明かす。その翌日の朝、家に泊まった友人は亡くなり、彼の葬儀をおやじとその家族が執り行うというストーリーだ。いわゆる「無縁社会」が一つのテーマだ。

定年者について数多くの著作を残された加藤仁《かとうひとし》さんは、メンバーが辞めないことに特徴があった合唱団のことを書いていた。メンバーの一人だった彼女は一人暮らしで、生前から「私が死んだ時は白装束《しろしょうぞく》ではなく、コンサート衣装を着せてね」と言っていた。読経《どきょう》よりも自分の好きな曲をメンバーが歌って見送ってもらいたいと遺言のように語っていた。その通りにすると、後輩たちは「自分の時もそうして」と言うようになり、それ以後、一段とコーラスグループの結束力が強まったという。これらの話は、死が完全な終わりを意味するのではなく、何らかのつながりを求めていることを示している。

これらのことを考えると、昔の人はなぜ地獄と極楽を考え出したのかという疑問が湧いた。

そのため京都の六道《ろくどう》の辻あたりを何回か巡ってみた。この六道の辻は、いわゆるこの世とあの世の境だと言われている。もともとは平安京の東の墓所であった鳥辺野《とりべの》に至る道筋に当たる。

この近くにある六道珍皇寺《ろくどうちんのうじ》は、平安時代の歌人・小野篁《おののたかむら》の不思議な伝説が残る寺で、昼間は朝廷に仕えていて、夜になるとこのお寺にある井戸を通って地獄へ通い、閻魔《えんま》大王の裁きを手伝っていたという伝説が残る。ガイドさんに、「なぜ平安時代の人は地獄と極楽を考え出したのでしょう?」と率直に聞いてみると、「当時は飢饉《ききん》なども頻発したので苦しい現世から逃れて、あの世で幸せになりたいと考えたためではないでしょうか」と答えてくれた。たしかにそういう面もあるのだろう。

もう少し考えるために、奈良国立博物館で行われていた「1000年忌特別展『源信《げんしん》 地獄・極楽への扉』」に行ってみた。浄土信仰を広めた僧として知られ、『往生要集《おうじょうようしゅう》』を著した源信が示した、死後の世界の影響で生まれた国宝などの名品が揃っていた。おどろおどろしい地獄の絵図と、極楽への迎えが現れる来迎図《らいごうず》もあった。

また青森県の恐山《おそれざん》菩提寺《ぼだいじ》に行ってみると、剝《む》き出しの岩肌とあちこちの硫気孔《りゅうきこう》から立ち上る硫黄《いおう》性ガス、またそれと対照的な深く澄みわたる宇曽利山湖《うそりやまこ》の景色が素晴らしかった。おそらく開祖の慈覚《じかく》大師円仁《えんにん》の目には、この様子が地獄と極楽に思える光景に映ったのだろう。

　また、死ねば父母や先祖に会えるという気持ちはやはり次のステップにつながる。恐山ではイタコの口寄せで亡くなった母親を呼び出してもらった。過去の親族に会えるということも普通にはない体験だった。お盆の時期にあれだけの渋滞を伴うUターンがあるのは、先祖に会うことと無関係ではないだろう。

　地獄と極楽を考えたのは、単に現世から逃れたいということではなく、自分が死ねば何もかもなくなるということを避けたいためではないかと感じたのである。


「人は死んだらどこに行く？」


　私には子どもの頃に疑問に思っていたことが3つあった。

「人は死んだらどこに行くのか？」「宇宙の果ての果てはどうなっているのか？」「昨日の自分と朝起きた自分は、本当に一緒の自分なのか？」ということだ。いずれも解決を見ていないが、定年後のことを考えてきた時にこれらの課題が顔を出すことがある。

　先ほどの地獄と極楽をなぜ考え出したのかという疑問もこれとつながっている。つまり死んだらそれで終わりということは、いろいろ考えている自分の存在がなくなるということなので受け入れがたい。「人は死んだらどこに行くのか？」という問いとつながっている。また「昨日の自分と朝起きた自分は、本当に一緒の自分なのか？」も同じ根元にある疑問だと思っている。つまり自分が引き続いて存在できるのかという疑問だ。「宇宙の果ての果てはどうなっているのか？」も死んだらどこに行くのかとつながっていると言える。

この「人は死んだらどこに行くのか？」は、小学校の4年生の時に祖母が家で亡くなる場面を見た時からの疑問だ。当時は病院ではなく自宅で看取《みと》ることも多かった。その頃の老人は今よりも敬意を払われていたような気がする。

地獄と極楽は、死んで終わりではなく、そこからまた生き続けるというか、再生するために設けたのではないかという仮説を立てたのである。何もかもなくなるということでは安定できないのではないか。また、あの世に行けば両親に会えると思えば気分は相当違う。80歳を越えた私の母は亡くなる直前に、介護士さんに体を抱えられてベッドへ移る時に「お母さん」とつぶやいたのである。

作家の遠藤周作氏は、著書『生き上手 死に上手』で、人間の価値を機能だけで計る現代では社会での機能を失った老人は哀れみを受ける対象以外、何の価値もなくなったと言い、「しかし私は老人たちが（神の面影を持つ）翁《おきな》になれなくなったのにはもっと根本的な理由――我々がこの世を包み、この世につながるもうひとつの世界をまったく否定してしまったことからはじまったと思っている」と述べている。

ビジネスパーソンに「地獄・極楽はあると思いますか？」と聞けば、多くの人からはそんなの迷信だよという答えが返ってくる。しかし「人は死んだらどこに行くのか？」という私の子どもの頃の疑問に対して、明確に答えられる人はそれほどいないのではないだろうか。

もちろんこの科学万能の時代に、地獄と極楽を信じることができないのは当然である。それではどうすればよいのかということが、定年後のシニアが抱えている潜在的な課題ではないだろうか。

勝手な想像で言えば、老年期には、子どもを産み育てることに代わるものが求められる。せっかく生まれてきたのだから充実した人生を過ごしたい思いは当然だが、もう一面では、いつ死の側に回ったにしても、次の生を活かすという実感を持てることが心の安定につながりそうだ。

そういう意味では、若い人に何かを与えること、何かを伝えることを検討すると、やはり自分を助けることにつながるかもしれない。「(定年後に) 元気な人は同期で1割5分」と発言した、私が信頼している先輩に、その元気な人たちは何をしているのかと聞くと、在職中に転身して大学などで教えている人、出向先から若い人の面倒を見る組織の理事に就任している人、かつて取り組んだ楽器の演奏を現役の学生と一緒に再び始めた人などだという。やはり若い人に何かを与えていると考えることができる。前述の小中学生向けの無料の学習塾もそうだ。若い世代、次世代の中に自分が再生できると言えるかもしれない。

また遠藤氏は同じ著書で、「我々の現代文学には翁と同様神にちかい子供が出現することが乏しくなった。つまり現代文学は、文学の根源にあったものを黙殺したのだ。そしてその根源につながるのは、『次なる世界』への信頼なのだが。そんなことを言えば、笑われるだけだろう」と述べている。

我田引水だと思われるだろうが、これは第1章のライフサイクルで物事を考え、第5章の子どもの頃の自分を呼び戻すことにも関連している。

ただ、頭の中で考えているだけでは物事が進まないのも事実である。やはりどのように行動に結びつけるかが大切だ。そういう意味で、エピローグにおいては今までの内容を補足する意味で定年準備のための行動ポイントを示しておきたい。

エピローグ　定年準備のための行動六か条

第一条　焦らずに急ぐ

水前寺清子《すいぜんじきよこ》さんのヒット曲「365歩のマーチ」に「一日一歩、三日で三歩。三歩進んで二歩下がる」という歌詞がある。リタイアして何か新しいことを見つけるには、やはり一定の時間がかかる。

中年以降に会社員から転身して別の仕事を始めた人たちに対する取材を繰り返していた時に、「一区切りつくまで3年」と発言する人が多かった。

蕎麦打ち職人に転じた元会社員は「自信のある蕎麦を出せるようになったのは開業して3

年経った頃」、専門商社の役員からメンタルヘルスの会社を起業した人は「立ち上げた会社が落ち着くのに3年かかった」と発言した。2人とも「石の上にも三年」ということわざには意味があると語っていた。そう考えれば、小学校6年（3年×2回）、中学校3年、高校3年である。「大学は例外で4年」と私がセミナーで発言すると、「修士2年を含めると、3年が2回」とフォローしてくれた人もいる。

転勤の多い会社では、一つの部署での在籍は3年を基本単位にしている。おそらく人の感覚という尺度においては、自分の立場を変えるのに3年程度の時間が求められるのだろう。学生から社会人への切り換えにも、この程度の時間が必要だ。やはり、それまでの世界とは違う面白いことを身につけるには一定の時間がいる。

新たな立場を得るためには、「自分に向いているものを探す」フェーズ（局面）と「新たなことに取り組む」フェーズが必要で、どちらも試行錯誤が避けられない。そう考えると、定年退職の前に助走しておくことがポイントになる。もちろんいつから始めても遅すぎるということはないが、人生には持ち時間の制約があるので、花開く期間が短くなる恐れもある。周りの会社員と話していてよく聞く言葉は「そのうちに」である。実際には、そのうちにといった時間はないのである。より早くスタートする方がスムーズに進み、選択の幅が広がる。また、在職中は先輩や同僚からいろいろな刺激を受ける機会があるが、退職して独りぼっちになると動き出すこと自体がおっくうになる。この点にも注意が必要だ。

第二条　趣味の範囲にとどめない

定年退職したのを機にゴルフ会員権を取得した会社の先輩は、月に何回もコースに出ているそうだ。しかし在職中のような楽しさは感じなくて「ちょっと苦行のようだ」と言う。また、「定年後は釣り三昧だ」と語っていたのに、退職後はやめてしまった人もいる。

多くの定年退職者に話を聞いていると、趣味には2種類あって、仕事を辞めるとやらなくなるものと、仕事とは関係なくても続けられるものに分けられる。いずれも大切な趣味ではあるが、前者は気分転換やストレス解消が主なので、仕事のプレッシャーがなくなると意味を持たなくなる。一方で、退職後も渓流釣りにのめり込んで毎日楽しくやっている人もいる。ただし在職中はこの両者を見分けるのは簡単ではない。そのため、退職後に仕切り直して新たな趣味を探し始める人もいる。

ここで私が大事だと思うのは、退職後は、自分だけの趣味の範囲にとどめないで、わずかでもお金をもらえることを考えることだ。もちろん「お金儲《かねもう》けを目的にせよ」と言っているのではない。

たとえば老人ホームで得意の楽器を演奏して入居者に喜んでもらうのは素晴らしいことだ。その時にたとえ交通費や寸志であっても報酬があるということは、誰かの役に立っているということである。その瞬間に、単なる趣味ではなくて社会的なつながりを持つ活動になる。

また、お金を稼ぐレベルを目指すことが自分の力量をアップすることにもつながる。

私が執筆に取り組み始めた頃、「たとえお金が稼げなくても、いい文章を書いていきたい」と話すと、信頼している先輩は「そんな言い方をしていてはダメだ。明確にビジネスと位置づけた方が自分をグレードアップできる」と忠告してくれた。社会とのつながりの指標としてお金の価値をモチベーションとしてうまく使うことだ。

第三条　身銭を切る

会社員は会社のお金、すなわち他人のお金で過ごしている現実がある。営業で自社の製品を取引先に売り込む時にも、新たな商品やサービスを企画する際にも、会社のお金を軸として考えている。得意先に対して飲食の接待をする時も、出張の経費も基本は会社のお金である。

また毎月の給与はほぼ定額なので、その枠組みの中にとらわれて発想しがちである。出張の時には、与えられた日当の枠内で支出を考える。おまけに自分の税金や厚生年金、健康保険などの手続きも丸抱えで会社に世話になっている。そのため、知らず知らずの間に会社の枠組みの中に埋没してしまいがちになる。

会社員は、収入は定額だというライフスタイルが身についているからか、自分自身に対する新規投資や先行投資にもそれほど積極的ではない。逆に、仕事によるストレスを解消するためにお金を使うことが少なくない。現役のビジネスパーソンはもっと自己の成長にお金をかけ、身銭を切るべきであろう。

そうすればお金の価値や意味合いが自分の中で明らかになってくる。私は、会社の接待でいくら高額の会席料理を食べても美味しいと感じたことがない。㈱が頭についた領収書をもらう食事では本当の味は分からない。一方、自分でお金を出せば五感がそれだけ研ぎ澄まされる。庶民的な店の餃子《ギョーザ》や豚まんの方が、よほど美味しいのである。

また、丸抱えの出張時と、自分でお金を出す旅行では、車窓の景色も異なって見える。身銭を切ったものでないと、自分の身にならない。タダで学ぶことはできない。

ある編集者は後輩に「書籍代は会社の経費でも落とせるが、自腹で買った方がいいよ」と勧めているという。自分のお金で買わないと、書籍を購入してくれる顧客の気持ちになれないからだ。評論家の渡部昇一《わたなべしょういち》氏は著書『知的生活の方法』の中で、「凡人の場合、身銭を切るということが、判断力を確実に向上させるよい方法になる」と述べている。

何でもかんでも会社の経費を使おうとする管理職もいる。少しはお金が貯まるにしても、そのことが自分を会社の中に押し込めることになっていないか、自分の能力を磨く機会を失っていないかを点検した方がよい。

身銭を切ることが、会社の枠組みから脱出し、定年準備のポイントである主体性を持つ第一歩だということをまずは知るべきであろう。

第四条　個人事業主と接触する

あるビジネス雑誌から「社外勉強会や異業種交流会など、会社の外に活路を求める会社員が増えています。楠木さんはどう思われますか？」と質問を受けたことがある。その時私は「会社員同士の情報交換も悪くはありませんが、できれば個人事業主と出会う機会をもっと増やすといいでしょう」と答えた。

会社員とフリーランスを並行して10年以上やってきた私の立場から見ると、会社員は社外に目が向かず、社会とのつながりについての感度が甘いことは否めない。デザイン関係の会社から独立した女性は、フリーランスになって初めて、いかに上司と同僚としか関係を持っていなかったかを痛感したと語っていた。

どうしても組織内の分業制の中で内向きの志向が強くなっている。また、分業は効率的ではあるが、実感を持って生きる体験を奪われていると言えなくもない。忙しいビジネスパーソンは、自分が社会から必要とされなくなるなんて想像もつかないかもしれない。しかし、もともと社会と強固につながっているわけではない。

個人事業主は社会と直接的につながっているが、会社組織で働く社員は会社を通して社会と間接的に向き合っていると言えそうだ。しかし定年退職して会社という枠組みがなくなると、社会と何の関係も持っていないことが露呈する。誰も自分の名前を呼んでくれない状況になって、自己のアイデンティティに悩み、自分の居場所のなさに戸惑うのである。

そういう意味では、個人事業主に接触すると、会社員の自分を客観化することができる。彼らは社会的な要請に直接相対している先達だからである。農業・水産業従事者、デザイナー、大工、小売店主、コンサルタント、理容師、税理士、写真家、プロスポーツ選手、芸人などなど、多くの仕事がある。

個人事業主の働き方を自分と重ね合わせてみる。そうすると、会社員としての自分の立場がよく分かる。それだけ自分を深く掘り下げる機会になるのだ。芸人さんの話を聞いていると、私がいかに発信する姿勢が弱いかを反省させられたり、ギャンブラーに取材した時に、彼らが偶然や自分のツキに対処しようとしている姿を知ると、会社員がいかに今日と同じ明日がやってくることを当然に考えているかに気づくことができる。やはり個人事業主とも付き合うべきである。

個人事業主と出会う場としては、仕事以外にも同窓会や、地域活動、PTA活動などがある。現役の時から会社員以外の人たちと付き合っておくと、次のステップに移行しやすくなる。

第五条　相手のニーズに合わせる

カスタマイズという言葉を最近はよく聞く。コンピュータ関係では、ソフトウェアなどの設定・設計をユーザーの好みに作り替えることを意味する。定年後へ移行するポイントの一つが、この「ユーザーの好みに作り替えること」である。

今までは会社の中で、同僚と共通の価値観のもとで仕事を進めていた。しかも分業制なので、顧客の好みを知らなくても、上司の指示や命令に従って行動しておけば事が足りた。しかし定年後はそうはいかない。会社の仲間のような、何も言わないでも分かってくれる相手はいない。

かつて依頼をされて「サラリーマン、一冊本を書いてみようよ」というセミナーの講師をやったことがある。その時に、専門性が高く筆力もあるのに、なかなか本の企画が通らない会社員がいた。ビジネス誌の編集長に尋ねると、読者に興味を持ってもらうといった視点が足らないので掲載できない原稿が多いという反応だった。

これは一つの例であるが、組織で働くビジネスパーソンは、努力を積み上げて自らの能力を上げれば自動的に相手が関心を持ってくれると思いがちである。もちろんそういう場面もあるだろうが、相手がどのように受け止めてくれるかが先である。

会社員から転身して人事コンサルタントで活躍している人は、「独立してうまくいくには高い専門性はそれほど必要ではなく、どれだけクライアントの役に立つかだ」と言い切る。

これは定年後に組織で働く場合や地域で活動する場合でも共通しているだろう。地域活動の取材で、会社員当時の勤めていた会社や役職をひけらかして周囲が嫌がっているという話は何度か耳にしたのである。

第六条　自分を持っていく場所を探す

定年後に何か新しいことを始めるとなると、今までの自分を変えなければならないと思う人も少なくない。また人には変身願望があるので、「○○すれば、××ができる」などとそれを煽《あお》るような書籍や言説も少なくない。ダイエットでも、取り組む前と後の体の違いだけを強調するＣＭも変身願望に訴えかけていると思える。

しかし、仕事の技能などでいきなり自分自身を変えることは本当に難しい。私は保険会社で数多くの営業成績の締め切りの現場に立ち会った。目標額に届かなかった時に「次回からは生まれ変わった気持ちでやり直します」という言葉を幾度となく聞いたが、その本人が変わった姿を一度も見たことがない。それほど変わることは難しい。むしろ自分の立ち位置を変えるだけで大変な苦労が待ち受けているというのが実感だ。私のケースでは、会社の仕事を中心とする働き方から、会社員とフリーランスを並行して働く形に立ち位置をずらすだけでも相当な対応が必要だった。

研《けん》ナオコさんの歌になぞらえて言えば、「かもめはかもめ」なのである。しかし同じかもめでも、群れを離れて生きることの意味を深めていけば、『かもめのジョナサン』のように大ベストセラーになる可能性がある。

そういう意味では、自分を変えようとするよりも、ありのままの自分をどこに持っていけばよいのかを検討する方がうまくいく。たとえば、自分には特に専門性はないと言う50代の社員が、週末に介護施設を運営しているNPOでボランティアとして総務や経理の手伝いをしている。そのNPOでは、介護士や福祉士はいても、総務や経理をきちんと回せる人がいないので、彼は非常に重宝されていて本人もやり甲斐を感じている。

そのNPOからは「すぐにでも来てくれないか」という誘いはあるが、現在の会社の方が収入はいいので定年まで勤めるつもりだそうだ。NPOは退職を心待ちにしており、彼自身も退職後はそこで仕事をするつもりなので、定年後は安泰なのである。

またある電機メーカーの社員は、自分が専門としてきた技術がもはや最先端ではなくなっていたことは分かっていた。しかしその技術を求める中小企業に移れば、まだまだ活躍できる場があったと語るのである。

自分の力量を向上させることに注力する人は多い。もちろんそれも大事ではあるが、自分が役立つ場所を探すという行動にも大いに意味があるのだ。

あとがき

２０１７年４月に『定年後』が発売されると多方面からいろいろな反響があった。これは私にとって嬉しい誤算だった。

新聞紙上で書評などが取り上げられると、本の増刷にも勢いがついて新聞広告も増えた。それを契機に新聞やビジネス誌、週刊誌、女性誌などから一気にインタビューや原稿依頼が増えて、今まで全く知らなかった団体からいろいろなメールも届くようになった。上京した時にスケジュールが一杯で、朝の8時過ぎから取材を入れたこともある。

その後は、企業や労働組合、市役所からも講演やセミナーの依頼を受けた。11月は季節柄もあったのだろうが、10回を超える講演をこなし、1日に2回行った時もあった。

私はこの10年にわたって15冊の本を書いてきたが、少し評判を呼ぶこともあれば、見向きもされずに本の寿命が終わってしまうこともあった。とにかく私の力量がいきなり上がるはずはない。読者側の「定年後」のニーズがいかに大きいかを思い知った。

出版社によると、50代が最も多い購入層だが、40代もそれほど劣らないという。講演でも

40代からの質問が多い。また、あえて男性の定年退職者だけに絞って書いたのだが、女性の購入者も想定以上だった。

私の勝手な解釈では、多くの人が長く生きることを身にしみて分かり始めてきたからではないか。お金や健康が大事といった個人リスクを回避するレベルのみならず、一回限りの人生をどうしていくべきかという新たな生き方のヒントを求めているように思えたのである。女性の働き方が近年大きく変わっていることもそれを後押ししている。

しかし、大上段に振りかぶって、新たな生き方を示そうとしてもうまくいかないだろう。今回の『定年準備』では、できるだけ行動に結びつくような具体的な事実や個人的な体験を一つ一つ積み上げることに主眼を置いた。「こうすべきだ」ではなく、「こういう人もいる」「あんな生き方もある」というのを丁寧に示すことが近道になるような気がするのである。

今回は計算が合うのか、やはり誤算を伴うのか、その結果は怖いようで楽しみでもある。

2018年4月

楠木 新

参考文献

■はじめに
城山三郎『毎日が日曜日』（新潮社、新潮文庫、1979年）

■第1章　人生は二度ある？
経産省若手プロジェクト『不安な個人、立ちすくむ国家』（文藝春秋、2017年）
池井戸潤『花咲舞が黙ってない』（中央公論新社、中公文庫、2017年）
江波戸哲夫『定年待合室』（潮出版社、潮文庫、2017年）
城山三郎『無所属の時間で生きる』（新潮社、新潮文庫、2008年）
城山三郎『毎日が日曜日』（前掲）

■第2章　「もう一人の自分」を発見
筒井康隆「趣味をプロ級まで磨き逆境に備えよ」（『小説のゆくえ』中央公論新社、中公文庫、2006年）
平野啓一郎『私とは何か』（講談社、現代新書、2012年）

遠藤周作『生き上手 死に上手』(文藝春秋、文春文庫、1994年)

■第3章　60歳からのハローワーク

村上龍（はまのゆか絵）『13歳のハローワーク』(幻冬舎、2003年)

■第4章　最後に戻るのは地域と家族

広井良典『コミュニティを問いなおす』(筑摩書房、ちくま新書、2009年)
グループわいふ、佐藤ゆかり『夫の定年』(ミネルヴァ書房、2017年)

■第5章　童心に戻る

サン＝テグジュペリ（内藤濯訳）『星の王子さま』(岩波書店、岩波文庫、2017年)
福岡伸一、阿川佐和子『センス・オブ・ワンダーを探して』(大和書房、だいわ文庫、2017年)
斎藤次郎『気分は小学生』(岩波書店、1997年)

■第6章　魅力的な先達に学ぶ

西原理恵子『女の子が生きていくときに、覚えていてほしいこと』(KADOKAWA、2017年)
今井むつみ『学びとは何か』(岩波書店、岩波新書、2016年)
デイヴィッド・ブラットナー（柴田裕之監訳、市川美佐子訳）『極大と極小への冒険』(紀伊國屋書店、2014年)

渡部建『アンジャッシュ渡部の大人のための「いい店」選び方の極意』（SBクリエイティブ、SB新書、2018年）
飯倉照平、長谷川興蔵編『南方熊楠・土宜法竜往復書簡』（八坂書房、1990年）

■第7章　逆境がチャンスに

山本七平『無所属の時間』（PHP研究所、PHP文庫、1988年）
伊藤肇『左遷の哲学』（産業能率大学出版部、2009年）
遠藤周作『生き上手 死に上手』（前掲）

■エピローグ

渡部昇一『知的生活の方法』（講談社、現代新書、1976年）

楠木 新（くすのき・あらた）

1954年（昭和29年），神戸市に生まれる．京都大学法学部卒業．生命保険会社に入社し，人事・労務関係を中心に，経営企画，支社長等を経験．勤務と並行して，大阪府立大学大学院でMBAを取得．「働く意味」をテーマに取材・執筆・講演に取り組む．2015年，定年退職．現在，神戸松蔭女子学院大学教授．楠木ライフ&キャリア研究所代表．
著書に『会社が嫌いになったら読む本』『人事部は見ている。』『サラリーマンは、二度会社を辞める。』『知らないと危ない、会社の裏ルール』『経理部は見ている。』（以上，日経プレミアシリーズ），『就活の勘違い』『「こころの定年」を乗り越えろ』（以上，朝日新書），『働かないオジサンの給料はなぜ高いのか』（新潮新書），『左遷論』『定年後』（以上，中公新書）ほか．

定年準備《ていねんじゅんび》
中公新書 2486

2018年５月25日初版
2018年５月30日再版

著 者 楠木 新
発行者 大橋善光

本文印刷 暁 印 刷
カバー印刷 大熊整美堂
製 本 小泉製本

発行所 中央公論新社
〒100-8152
東京都千代田区大手町1-7-1
電話 販売 03-5299-1730
編集 03-5299-1830
URL http://www.chuko.co.jp/

Published by CHUOKORON-SHINSHA, INC.
Printed in Japan ISBN978-4-12-102486-2 C1236

中公新書刊行のことば

いまからちょうど五世紀まえ、グーテンベルクが近代印刷術を発明したとき、書物の大量生産は潜在的可能性を獲得し、いまからちょうど一世紀まえ、世界のおもな文明国で義務教育制度が採用されたとき、書物の大量需要の潜在性が形成された。この二つの潜在性がはげしく現実化したのが現代である。

いまや、書物によって視野を拡大し、変りゆく世界に豊かに対応しようとする強い要求を私たちは抑えることができない。この要求にこたえる義務を、今日の書物は背負っている。だが、その義務は、たんに専門的知識の通俗化をはかることによって果たされるものでもなく、通俗的好奇心にうったえて、いたずらに発行部数の巨大さを誇ることによって果たされるものでもない。現代を真摯に生きようとする読者に、真に知るに価いする知識だけを選びだして提供すること、これが中公新書の最大の目標である。

私たちは、知識として錯覚しているものによってしばしば動かされ、裏切られる。私たちは、作為によってあたえられた知識のうえに生きることがあまりに多く、ゆるぎない事実を通して思索することがあまりにすくない。中公新書が、その一貫した特色として自らに課すものは、この事実のみの持つ無条件の説得力を発揮させることである。現代にあらたな意味を投げかけるべく待機している過去の歴史的事実もまた、中公新書によって数多く発掘されるであろう。

中公新書は、現代を自らの眼で見つめようとする、逞しい知的な読者の活力となることを欲している。

一九六二年一一月

心理・精神医学

c1

中公新書

経済・経営

g1

- 2000 戦後世界経済史 猪木武徳
- 2185 経済学に何ができるか 猪木武徳
- 1936 アダム・スミス 堂目卓生
- 2123 新自由主義の復権 八代尚宏
- 2374 シルバー民主主義 八代尚宏
- 2228 日本の財政 田中秀明
- 2307 ベーシック・インカム 原田 泰
- 1896 日本の経済―歴史・現状・論点 伊藤 修
- 2388 人口と日本経済 吉川 洋
- 2338 財務省と政治 清水真人
- 2287 日本銀行と政治 上川龍之進
- 2041 行動経済学 依田高典
- 1658 戦略的思考の技術 梶井厚志
- 1871 故事成語でわかる経済学のキーワード 梶井厚志
- 1824 経済学的思考のセンス 大竹文雄
- 2045 競争と公平感 大竹文雄
- 2447 競争社会の歩き方 大竹文雄
- 1657 地域再生の経済学 神野直彦
- 2473 人口減少時代の都市 諸富 徹
- 1648 入門 環境経済学 日引 聡・有村俊秀
- 2064 通貨で読み解く世界経済 小林正宏・中林伸一
- 2219 人民元は覇権を握るか 中條誠一
- 2132 金融が乗っ取る世界経済 ロナルド・ドーア
- 2111 消費するアジア 大泉啓一郎
- 2420 フィリピン―急成長する若き「大国」 井出穣治
- 2199 経済大陸アフリカ 平野克己
- 290 ルワンダ中央銀行総裁日記（増補版） 服部正也

社会・生活